换个方式说

应溪◎编著

北方妇女儿童出版社
·长春·

图书在版编目（CIP）数据

换个方式说 / 应溪编著. -- 长春 : 北方妇女儿童出版社, 2025. 7. -- ISBN 978-7-5585-9570-7

Ⅰ. B804-49

中国国家版本馆CIP数据核字第202593YF90号

换个方式说

HUAN GE FANGSHI SHUO

出版人	师晓晖
责任编辑	刘书吟
装帧设计	李东杰
开本	710mm × 1000mm　1/16
印张	6
字数	80千字
版次	2025年7月第1版
印次	2025年7月第1次印刷
印刷	三河市南阳印刷有限公司
出版	北方妇女儿童出版社
发行	北方妇女儿童出版社
地址	长春市福祉大路5788号
电话	总编办：0431-81629600
定价	49.00元

前言

生活中，我们常因语气急躁、话中带刺，让关系变得紧张；也有时候，因为不会表达，让自己委屈又无奈。明明想关心，出口却成了唠叨；本意是提醒，听起来却像指责；想要鼓励，反被误解为贬低……如果我们换一种说话方式，可能就能多一点儿理解，少一点儿冲突。

换个方式说并不是让我们刻意委婉、虚伪、掩饰真实，而是学习如何在尊重自己的前提下，也顾及对方的感受；是在表达真实意图的同时，减少误解和对立。在表达上多一种选择，在说话上多一分余地，在关系中就多一点儿转圜的可能。换个方式说不意味着我们得完全改变自己，而是提醒我们：有时候，改变一个措辞，转变一个角度，就能带来意想不到的结果。只有说得顺，关系才更顺；情绪顺了，沟通才有继续的可能。

这并非取悦别人，更不是压抑自己，而是一种成熟的沟通能力。会说话，不只是语言上的技巧，更是心理成熟与人际智慧的体现。

本书围绕换种思路听、观、思，换个方式开口，换个方式“表达重点”，换个方式“问”，换个方式“拒绝”，换个方式“稳住局面”六个方面，分别阐述了不同说话方式带来的效果，并提供一些真实可用的说话思路和工具，帮助读者在日常交流中，慢慢建立起更温和、更清晰、更有效的沟通方式。无论你是家长、伴侣、老师、同事，还是单纯想改善自我表达的人，都可以从中找到属于自己的说话方式。

这本书希望给你一些参考和支持——不是教你怎么说才对，而是陪你一起思考：在这个时刻，还有没有别的说法，更适合、更柔和，也更有力量?

愿你在翻开这本书之后，逐渐学会换个方式说，让自己表达得更清楚，让别人更愿意听，让彼此之间的关系更顺畅。

目录

第一章　开口前，换种思路听、观、思

第二章　换个方式开口，开场就能热聊

第三章　换个方式“表达重点”，惊艳四座

第四章 换个方式“问”，胜过一堆问题

第五章 换个方式“拒绝”，双方皆大欢喜

第六章 特殊情境下，换个方式“稳住局面”

第一章 开口前，换种思路听、观、思

会说话的人，往往不是说得多，而是开口前想得深、看得准、听得明白。在开口前放慢节奏，学会捕捉对方的情绪、理解话题的背景、判断当下的气氛。越是在说话之前下功夫，越能在说出口那一刻掌握主动权。

耐住性子听，给足精神价值

耐心的倾听是一种无声的支持，它让心灵的声音得以流淌。

你应该遇到过这种情况，你在说话时，对方很认真地听你说话，而不是动不动就面带烦躁地打断你，你一定会有很大的兴致继续这个话题，心里会觉得“他听得很认真哪，好像很喜欢我说的内容”。你对自己的信心也会大大增加，话题也会越来越多，头绪也会逐渐清晰起来。同时，你会不由自主地对跟你谈话的人产生好感，对对方的喜爱度逐渐上升。这就是耐心倾听的魔力。

显然，有这样的结果，是因为受到善于倾听的人的无形鼓励。如果你想建立一个广泛的交际网，那么真诚谦逊地成为别人的听众，展现出你的兴趣，会有效地帮助你。

耐心倾听也是相互尊重的基础，在对方说话时，如果你能够耐心地听完，就是在告诉对方“你说的对我有一定的价值”或“你值得我与你交朋友”。无形中，对方的自尊心得到了满足，他也从中体会到了自己的价值，彼此就不再陌生，友谊在不经意间得以加深。

◎情绪支持

在对方表达情绪时，表现出理解与关心。例如，你可以用温和的语言回应对方的感受，如“我能感受到你现在的烦恼，想必这对你来说很重要”。这种情绪支持表明你在耐心倾听，且尊重他们的感受。

◎创造舒适的环境

在交流的场合中，确保环境安静舒适。例如，选择一个相对安静的地点，或是提供饮品以助对方放松。这样细致周到的安排，能够有效传达出你的耐心与对对方的重视。

直接表达

“你说重点”，打断了对方的情感表达节奏；“这很正常”，否定了对方的独特感受。

这样表达会立即关闭沟通通道，不仅使对方失去倾诉的意愿，也会破坏人际关系中的信任基础。

换个方式说

运用“你感到……”句式，确认对方的情绪；运用“具体是指什么”句式，可以厘清事实。

保持中立态度，不评判、不打断，让沟通双方都感到被尊重和理解。

洞察全场气氛，说贴合情境的话

在合适的时机，使用合适的言语，才是智慧之道。

很多人认为，说话只要逻辑清楚、语速得当、立场坚定，就算是良好的沟通。可现实中，哪怕你说得再有理，如果忽略了当下的气氛，说话不合时宜，效果很可能适得其反。会说话，不只是表达观点，更是在表达时机和情境之间找到平衡。能不能看场合说话，在很多时候，比你说了什么还重要。

试想一个场景：会议刚结束，团队因为方案被否决情绪低落，这时有人站起来说："我早就觉得这个方向不行。"这句话虽然可能是实话，却显得不合时宜。这个时候，大家需要的是鼓励和重整士气，而不是一个"事后诸葛亮"。真正会说话的人，会在这种气氛下说："我们已经尽力了，接下来可以换个方向试试，我相信我们一定能做得更好。"这句话不仅接住了大家的情绪，还为下一步指明了方向。

再如，在朋友聚会时，大家兴致正浓，有人正在讲笑话，一旁却有人突然插一句："你这说得也太低级了。"顿时气氛冷场，所有人都不知该如何接话。这时，说得对与不对已经不重要，重要的是一句话破坏了原本轻松的氛围。如果能换一种方式表达，比如说："你这风格，得配上一个晚会主持人才撑得住。"既起到提醒的作用，又没有直接扫兴，更容易被人接受。

会说话的人，不是随时随地都能妙语连珠，而是能在关键时刻看准时机再开口。他们善于留心观察，懂得察言观色，更知道什么时候该说什么、不该说什么。面对喜事，他们不会抢风头；面对难题，他们不会添堵；面对紧张气氛，他们会用轻松的话语缓和局势；而在需要认真讨论时，他们又能适时收起玩笑，进入正题。

洞察气氛，不是八面玲珑，更不是装腔作势，而是一种对人和局势的敏感度。这种能力，来自对细节的观察和对人心的尊重。比如，当你发现对方语速变快、眼神飘忽，说明他可能有压力；当一个会议室里突然安静下来，可能有人说话越了界；当大家频繁看手机，可能意味着这个话题不够吸引人。这些都是气氛变化的小信号，而会说话的人，就是能敏锐捕捉这些信号，及时调整自己的表达。

说贴合情境的话，并不意味着你要小心翼翼、失去自我，而是意味着你能在尊重他人的基础上，更有智慧地表达自己。你不一定是最健谈的那个，但你一定是最让人舒服的那个人。别人愿意听你说，是因为你说得合时宜、有分寸。

直接表达

“随便说说”，轻率回应显得过于敷衍；“这不重要”，武断否定了对方价值；“你错了”，直接打击表达意愿。

这样表达会立即中断彼此的沟通，破坏关系基础。

换个方式说

运用“这个观点很有启发”句式，肯定对方的说法；运用“我们可以这样考虑”句式，引导对方继续讨论。

这样既表达立场又尊重差异，使交流更加顺畅。

听出弦外之音，明白对方的动机

观其言而察其行，知其心而解其意。

我们在交流的时候，经常会出现这样的情况：说话的人费尽心机，而听的人却总是不得要领，听不出对方话里的弦外之音，不能真正明白对方的意思。于是，听的人很着急，说的人更着急。

在生活中，我们所说的每句话其实都有内在动机，只是有些话的动机比较明显，一听就懂；而有些话的动机隐藏得比较深，需要仔细地分析与思考，才能明白其中的意思。

在沟通时，假如你没有听出对方的弦外之音，那么你开口给出的答案都不会让对方满意。对方甚至会认为我们不会为人处事，是一个反应迟钝的人，这样不仅会让我们的回话闹出尴尬，而且也很容易引起对方的反感。

想象一下，你正在和朋友聊天儿。朋友看似不经意地说："最近那个新出的电影好多人都在看呢。"这时候，你要是只回一句"哦，是吗"，那可就错过大好机会了。但要是你能听出弦外之音，明白朋友其实是想约你一起去看电影，那马上回应："那我们也去看看呗！"瞬间，友谊的小船就欢快地向前驶去了。

不过，弦外之音是一个很隐晦的东西，而且有时候对方说的话也不一定会有弦外之音，如果我们误解了对方，做出了错误的判断和回话，也会因此闹出尴尬。那么，我们应该怎样辨别弦外之音呢？

关于理解弦外之音的几点建议：

说话时，观察别人的表情和语气。如果语气强硬，可能表示坚定或者生气；如果语气柔和，可能表示友好或者犹豫。

不同的场合会影响人们的表达方式。在正式场合，人们的话语可能会比较严谨和含蓄；在非正式场合，可能会更加随意和直接。

直接表达

“我早看透了”，过于武断地下结论；“你就是这样的”，贴标签式判断；“别解释了”，阻断了了解机会。

这样表达会暴露观察者的傲慢与偏见，既无法真正理解对方，也会引发抵触情绪。

换个方式说

运用“你当时为什么……”句式，探寻对方的动机；运用“我注意到……”句式，客观地陈述事实。

这样既关注显性表现，又思考潜在原因，能够达成准确的理解。

看懂对方，说对方能听得进去的话

每个人都是独一无二的个体，有着不同的性格、背景、价值观和情绪状态。就如同色彩斑斓的画卷，各有其独特的色调和纹理。

当你兴高采烈地跟朋友分享一个超级搞笑的笑话时，结果朋友却一脸茫然，甚至有点儿生气。这是咋回事呢？很可能是你说了对方不能接受的话。

从心理学的角度来看，每个人都有自己独特的心理需求和情感状态。

根据马斯洛的需求层次理论，人们在不同的阶段有着不同的需求，包括生理需求、安全需求、社交需求、尊重需求和自我实现需求。当我们与他人交流时，如果开口所说的话，能够满足对方的这些需求，那就是对方能接受的话。

例如，对于一个正处于追求尊重需求阶段的人，我们在说话时要给予足够的尊重和认可。如果我们随意批评或者贬低他，就会让他感到不被尊重，从而产生抵触情绪。而对于一个更注重社交需求的人，我们可以多给予关心和陪伴，用温暖的话语让他感受到自己在群体中的重要性。

例如，你有个爱美的朋友，整天对着镜子打扮。这时候，如果你说："哎呀，你怎么这么臭美呀！"估计这位朋友会跟你翻脸。但要是你换个说法，比如："哇，你今天真的好漂亮啊！每次看到你都觉得眼前一亮。"那效果可就完全不一样了。这位朋友肯定会开心得不得了，说不定还会跟你分享她的美容小秘诀呢。

每个人都有自己的性格、喜好和价值观，与不同性格的人交流的沟通技巧如下：

对于自尊心强的人不要让他意识到被说服了。要让他觉得是"自己决定的"或是"出于自愿才这么做"。

对于好奇心旺盛、什么都想知道的人，最好每一次只透露一点儿情况，同时多接触几次，以挑起他的兴趣，让他觉得如果按你说的去做，还有更有趣的事呢。

对于性子急躁的人不要总东拉西扯，那种没完没了的说明会让他厌烦。要将你所要告知的重点归纳并分列出来，写成几点给他看，沟通要简短明了。

拿不准意见的人是对周围的人十分在意，若稍不一致就感到不安，他们喜欢跟着别人的脚步走。所以，"反正大家都这么做呀！"一句话就可以定案。

如何做到因人而异开口说话？

◎观察行为举止

注意对方的动作和表情。如果一个人经常面带微笑、动作轻快，可能性格比较开朗乐观；如果动作沉稳、表情严肃，可能较为严谨内敛。

◎观察对方的穿着打扮

穿着时尚、色彩鲜艳的人可能比较外向、追求潮流，与之交流可以适当提及一些时尚话题或使用轻松活泼的语言；穿着简约、色调单一的人可能更倾向于稳重务实，交流时语言可以更加简洁直接。

直接表达

“你应该像我这样”，忽视了个体差异；“大家都这样”，抹杀了独特性；“你这性格有问题”，主观评判人格。

这样表达会暴露认知局限，既否定了他人价值，又阻碍了深度理解。

换个方式说

运用“你的经历是……”句式，了解对方的背景；运用“你怎么看待……”句式，探索对方的价值观。

这样既观察行为表现，又理解形成原因，才能建立真实的连接。其关键在于摒弃刻板印象，以事实为基础进行判断。

别随意打断他人，换一种方式接话更自然

听别人说话就是提供说话情境。不要插嘴，最后开口才能成为有吸引力的人。

你是否有过这样的经历：还没有来得及讲完自己的事情前，就被别人打断了自己的话，瞬间你就感觉到恼火，对那个打断你话的人印象立马就变差了。现实生活中，没有听别人把话说完就贸然打断，这样的行为是很不礼貌的表现。

当我们急切地打断别人时，往往是基于自己的主观判断和急于表达的欲望，却忽略了对方的心情。一旦做出这种行为，无论你后面说的话多么精彩，也不会给别人留下好印象。所以，在交流中，我们应该学会耐心倾听，等别人把话说完再发表自己的看法，这样才能在开口时说的话更有吸引力。

在交谈情境中，每个人都期望成为对话的焦点，渴望得到周围所有人的专注聆听，成为谈话的主角。然而，若此时有人频繁打断，无疑会令这位“主角”感到不悦，甚至愤怒。因此，出于最基本的礼貌，我们不要轻易在他人谈话时插嘴，除非真的有必要一定在别人讲话过程中发表自己的意见。

当对方开始讲述时，无论对方说话内容繁多，还是因情绪激动导致语言表达显得零散甚至混乱，你都应保持耐心，认真倾听其完整叙述。即使其中部分内容并非你所期望听到的，也应坚持听完，不急于开口接话。

除了打断他人，以下的举动也是会让自己失去吸引力的：

不听对方说话，一味地说着自己想说的事；

不管对方说了什么，就是否定、批判对方；

对于对方说的话，字字句句燃起抗拒心；

由上往下看对方，时刻准备开始说教；

在对方说话时打岔，并且追问一些问题；

对方正说得起劲时，就想做总结；

自己提问，却不听别人的回答。

直接表达

“我来说两句”，贸然打断了谈话节奏；“你听我说”，强行转移了话题焦点；“不是这样的”，否定了对方的观点。

这样表达会破坏对话的完整性，既显得缺乏修养，又降低自身的说服力。

换个方式说

运用“你刚才提到……”句式，承接关键信息；运用“你的观点很有价值”句式，肯定对方的贡献。

掌握发言时机，既完整地接收信息，又精准地表达见解，才能建立有吸引力的对话形象。

第二章 换个方式开口，开场就能热聊

很多人开口难，不是不想说，而是不知道该说什么。而所谓聊得好，不是话多，而是会挑对话题、找对切口、说到对方心里去。开口变轻松，从选对话题开始。话题对了，开场就顺了；聊得舒服，关系才能更进一步。

一开口就吸引人，让对方耳朵竖起来听

广告中第一句话的唯一目的就是让读者读第二句话，沟通也应当借鉴这个道理。

当我们参加一场重要的会议，或者向领导汇报工作，抑或是与新同事交流合作时，一个吸引人的开场白可以瞬间抓住大家的注意力，为后续的沟通奠定坚实的基础。想象一下，在一个紧张严肃的商务会议上，你以一个生动有趣的故事或者一个引人深思的问题作为开场白，不仅能缓解紧张的气氛，还能让同事们和领导们眼前一亮，对你刮目相看。

例如，你可以这样开场："大家有没有想过，如果我们的工作是一场冒险之旅，那我们现在正处于哪个关卡呢？"这样的开场白会激发大家的好奇心，让他们更专注地听你接下来的发言。

其实，无论在职场还是与朋友聊天儿，一个吸引人的开场白都是十分重要的。因为一个好的开场白决定了我们后面谈论的可持续性。所以，无论什么场合，开口前为自己设置一个有趣的开场白，吸引他人的注意力，让自己成为焦点，为接下来的交流和互动奠定良好的基础。

可以参考以下几种有趣的开场白：

以最近发生的一件有趣的事情作为开场白。"嘿，你们知道吗？我最近遇到了一件超级搞笑的事情，简直让人笑破肚皮。"这样的开场白会让朋友们立刻被你的话题吸引，纷纷加入讨论，氛围一下子就变得热闹起来。

用一个真诚的赞美作为开场白。“哇，好久不见，你今天看起来状态超好哇!”这样的话会让朋友感到被关注和认可，心情也会变得更加愉悦。

在新的社交场合中，一个独特的自我介绍也可以成为吸引人的开场白。“大家好，我是一个热爱冒险的旅行者，喜欢探索未知的世界，很高兴认识大家。”这样的自我介绍会让别人对你产生浓厚的兴趣，想要进一步了解你。

直接表达

“但愿大家听我的演讲不至于浪费时间”，自杀式的开场白；“我只能为大家简单讲几句，因为我的时间很紧”；“听说你买房子，是打算结婚吗，你爱人一定很漂亮吧”，“查户口”式的盘问让人避之不及。

这样的开场白很难建立与对方的沟通连接，难以让对方产生继续沟通的想法，既降低沟通效率，又损害双方关系。

换个方式说

运用“接下来，我要说的……”句式，激发对话的兴趣；运用“我也曾遇到过同样的问题……”句式，自然延续话题；运用“我受益匪浅……”句式，实现认知共鸣。

这样既能够保持话题的连贯性，又能够推动交流向更深层次发展。

和陌生人聊，用“鹦鹉回话法”打破冷场

采用带有恰当“感情”的“鹦鹉回话法”，也是良好沟通的基本前提之一。

在聚会、商务活动或各类社交场合中，我们常常会遇到形形色色的陌生人。与这些不熟悉的人交流，许多人可能会感到紧张和不安。面对这些陌生的面孔，我们往往会担心开口的话题是否唐突，对方是否能理解，抑或对方的回答是否含糊，让自己难以继续对话。那么，该如何应对这种情形呢?

这里有一个简单而有效的方法，那就是“鹦鹉回话法”。这个技巧的核心在于通过重复对方的话，来展示出我们的关注和理解，从而增强互动的深度和质量。

“鹦鹉回话法”的应用场景无处不在，无论是在日常生活中与朋友的闲聊，还是在商务谈判中与客户的沟通，它都能发挥重要作用。当我们在与陌生人交流时，往往会发现自己不知道该说什么，或者担心说错话。而“鹦鹉回话法”就像一个安全的社交“锚”，为我们提供了一个可靠的沟通框架。在这个框架内，我们不仅能够轻松地开口对话，还能通过对话中不断反馈的方式，逐渐增加彼此的信任感与熟悉度。

“鹦鹉回话法”能强化你对话题的认知，做到有效沟通。若是你因为对方的表述不清而产生误解，通过重复和澄清，我们可以确保双方在对话中的理解一致。例如，当对方在描述一件事情时，可能因为紧张或情绪激

动而表达得不够清楚，而你在此时适当地重复并引导，可以帮助他们更清晰地表达自己的观点。这样不仅能够消除误解，还能让对话一直在你的掌握之中进行，让沟通更加顺利。

如何带感情的“鹦鹉学舌”？

恰当的情感回应是很重要的。投入感情的巧妙插话诀窍，必须十分留意对方声音的音调、大小、高低、节奏，以及表情、视线等，并以相同的语调回应。

◎同样困扰似的回话“儿子得了盲肠炎……”

“啊，没事吧？”

◎回以同样无精打采的表情“手机掉到洗手池里了”！

“啊！很心疼吧。”

◎表现出认同对方实力的表情“这次轮到我升职加薪”！

“哇，恭喜！”

直接表达

“明白了”，态度敷衍；“嗯嗯”，机械重复的无效反馈；“所以，你是说……”曲解原意的错误引导。

这样表达会暴露沟通的敷衍态度，不仅无法建立信任，还会引发对方的防御心理。

换个方式说

运用“你现在一定很……吧”句式，确认对方的情绪；运用“我非常能理解……”句式，表达共情；运用“您刚提到……很重要”句式，梳理对方的观点。

保持适度的情感投入，既展现倾听的专注度，又促进深层次的共鸣。

善用“相似法则”，找对共同话题

“时代”“出生地”“居住地”“共同的朋友”“熟人”是容易找到共同点的话题。

在一个不熟悉的场合，如何与陌生人快速建立连接？答案就是：找到与对方的共同点！

中国的老话“物以类聚，人以群分”，说的就是这个道理。动物之间，同类聚在一起，是对自身安全的一种保障。对于人类来说，与相似的人待在一起，是潜意识里自身生存和安全的需要。

比如，“你能吃辣吗？”“我最爱吃辣！在我家辣椒是必备的。”“我也是呀！超喜欢吃辣。你觉得附近哪家店不错？”“中山路新开的一家湘菜馆很好吃。”“真的吗？那一定要去尝尝！”

只要用对了方法，开口就能吸引人。当我们发现与对方有共同的爱好，比如，你们都爱吃辣，这种共鸣就如同在茫茫人海中找到了知音。当然，这种相似点不仅仅局限于口味，还可以是喜欢的音乐类型、热爱的运动项目、钟情的书籍和电影，等等。一旦找到这些相似之处，聊天儿的氛围立刻变得轻松愉快起来。

例如，在一场聚会上，你发现旁边的人穿着一件印有你最喜欢乐队标志的T恤。这时候，你只要开口说："嘿，你也喜欢这个乐队呀？我超爱他们的歌！"对方很可能会眼睛一亮，接着，一场关于乐队与音乐的精彩讨论就此展开。在这个过程中，彼此的距离会不知不觉地拉近。

很多时候，我们面对陌生人之前根本没有机会做功课，也就没有时间去准备谈资。这时，我们必须发挥聪明才智，灵活地从交谈中得到更多的信息，快速找到与对方的相同点，从而与对方更好地交流。

以下是容易有共同点的题材：

◎出生地、居住地

"你在哪儿出生的？""住在哪边？""你是说 ×× 小学，不就跟我一样？我小时候也在那儿念书。"——找出彼此的共同点，对方就会把你当成自己人。

◎共同的朋友、熟人

要是有相同的朋友或熟人，就可以问对方："你跟 ×× 以前就认识吗？""我们已经认识二十多年了。"和对方有共同的朋友，会让人感到莫名的亲切，自然而然地拉近双方的关系。

◎关于家庭

提到家人，与陌生人聊天儿这种家族话题也绝非不能问。例如，手上戴着戒指的男人就有"爱妻或爱家好男人"的形象，所以这时候你就可以简单问："你已经结婚了吧？"如果对方笑着回应："孩子已经五岁了。"你就可以接着跟他聊聊关于家庭的话题。对方若没什么反应，临时转换成别的话题也可以。

直接表达

“你是“90后”吧”，刻板归类引发反感；“你认识他吗”，目的性明显的试探；“你们那边发展太落后了”，带有偏见的武断评价。

这样表达不仅会让人觉得你不懂社交，也会触发对方的心理防御机制，直接破坏对话氛围。

换个方式说

运用“我们这代人都有这个记忆”句式，建立时代共鸣；运用“我前段时间也……”句式，建立共同链接；运用“您也认识张教授……”确认社交连接。

保持中立的态度，将共性问题作为话题的切入点。

聊点靠谱儿的“小道消息”，关系迅速热络起来

“小道消息”通过激发人们的好奇心和共同兴趣，成为社交的天然话题，迅速拉近彼此的距离。

“真没想到，某女星居然真的离婚了……”“他居然抛弃前女友和 ×× 女神在一起了！”

“听说了吗？ ×× 翻车了……”“我和你说，你不要告诉别人……”

小道消息拥有神奇的魔力，经常让人“吃瓜”吃到停不下来。不管是和公司同事，还是私下好友聚会，抑或是走亲访友，一旦聊起“小道消息”大家总捂不住那想八卦的好奇心。甚至陌生人之间，也能很快地聊起明星的绯闻。

为什么小道消息能够迅速拉近人与人之间的距离呢？当一则热门小道消息流传开来，人们往往会因好奇心和兴趣而被吸引。若周围的人同样对这一话题感兴趣，便形成了一个自然的交流契机。通过分享和讨论这些小道消息，个体间能发现彼此兴趣爱好的相似之处，进而迅速建立起共鸣与连接。

因此，在社交场合中，若感到无从开口，可以选择谈论最近的“热搜”或大众熟知的话题作为切入点，这样的共同兴趣点能有效炒热气氛，促进交流的展开。

在忙碌的生活中，人们需要一些轻松愉快的话题来缓解压力。“小道消息”往往充满了戏剧性和趣味性，能够给人们带来一种娱乐和放松的感觉。通过讨论小道消息，我们可以暂时忘却生活中的烦恼和压力，享受一段轻松愉快的时光。这也有助于拉近人与人之间的距离，营造出更加和谐融洽的氛围。

如何巧妙地利用“小道消息”来拉近人际关系呢？

◎选择合适的时机和场合

在正式的工作场合或者严肃的社交活动中，不宜过度谈论小道消息。而在轻松的聚会、休闲时光或者私下交流中，小道消息可以成为一个很好的话题切入点。

◎倾听他人的观点和感受

在讨论小道消息时，不要只是一味地表达自己的看法，也要认真倾听他人的观点和感受。这不仅可以让对方感受到被尊重，还能促进更深入的交流和互动。

直接表达

“听说你们分手了”，窥探他人隐私是一种越界行为；“他们资金链断裂了”，缺乏依据的商业揣测；“据可靠消息透露……”，故弄玄虚的不实传播。

这样表达虽然可以制造短暂的谈资，但最终还是会导致社交关系的破裂。

换个方式说

运用“感觉你最近有点儿不一样”句式，建立客观讨论的基础；运用“您对这件事有什么看法”句式，引导专业见解；运用“根据公开数据显示……”句式，确保信息的准确性。

这样说话的关键在于把握信息边界，将传闻转化为建设性对话。

从生活中的小事聊起，开启一段轻松的对话

精彩的交流源于生活中的小细节，平凡的话题同样能拉近彼此的距离。

关于聊天儿时的话题，有人认为，只有那些非常博人眼球的话题才值得一谈。所以，在社交沟通时苦苦地搜寻一些奇闻、令人惊心动魄的经历，试图用这些“爆炸性”话题来增加自己的吸引力。然而，这种认识其实是有偏差的！实际上，生活中那些看似平淡无奇的话题，往往能给交流增添不一样的乐趣。

想象一下，谁不愿分享自己对最新电影或电视剧的观感呢？无论是探讨剧情的曲折多变，还是回味那些令人捧腹的角色，这样的对话总能轻松调节氛围，加深彼此间的联系。再者，生活中的点滴趣事，诸如宠物带来的欢笑，或与朋友间的小趣事，这些平凡却温馨的故事，往往能触动人心，激发对方的共鸣，促使他们也乐于讲述自己的经历。用这样的方式开启对话，不仅能避免单向输出的尴尬，还能让交流变得生动有趣，自然而然地为你的个人魅力加分。

平淡又温馨的话题是安全性话题，最适合开启一段轻松的聊天儿。这类话题没有争议，不容易踩雷，让彼此都觉得舒服、安全，也更容易建立起信任感。

安全性话题，指的是不涉及隐私、又能有的聊的话题，可以运用到各种交际场合中。

与人交谈时，有人感到非常拘束，羞于启齿；有人觉得找不到共同话题，没有共同语言，无法交谈；有人备感尴尬窘迫，欲言又止，或语无伦次；有人说话生硬，让人误解……产生这些现象的根本原因在于没有找到安全性话题。

轻松找到安全性话题的两个技巧

◎讲话要因人而异

聊天儿时，可以留心对方在提到哪些话题时眼睛亮了、语速加快、表情自然，那些往往就是他觉得舒服的话题。你可以顺势追问、延展，轻松与对方谈论相关话题；而一旦发现对方沉默、回避、表情尴尬，说明可能碰到边界了，就要及时调整方向，避免继续深入沟通。

◎要寻找大家熟知的话题

如果在日常生活中多加留意的话，那么很多题材都可以成为良好的谈话素材。例如，谈足球、篮球和羽毛球，或是谈生命、爱情、同情心、责任感、真理、荣誉等，也可以谈一些饮食、天气之类的，还可以谈谈某个人的见解，顺便陈述一下自己的观点等。

直接表达

“你工资多少”，涉及隐私的冒犯提问；“你为什么不结婚”，施加压力的敏感话题；“这有什么好聊的”，否定了日常话题的价值。

这样表达会引发戒备，终止彼此间的对话，破坏沟通氛围。

换个方式说

运用“最近工作还顺利吗”句式，开启聊天儿话题；运用“你周末怎么安排”句式，了解对方的生活方式；运用“这个季节您最喜欢什么活动”句式，挖掘对方的生活细节。

其关键在于，选择开放且无评判的提问方式。

用心去感受对方的情感和想法

社交从倾听开始，会倾听才能更好地了解对方，才能一开口就说到点子上。

善于倾听的人，在交流中更能和他人建立理解与共情，因为他们不仅仅是在听，而是用心去感受对方的情感和想法。这种沟通的方式，使得他们与别人之间的关系更加紧密，所以他们开口说出的话语，与对方的心意匹配度更高，因而更受人欢迎。

回想一下，当我们说话时，其实不仅仅是在传递信息，更多的是在表达我们的感受、困惑，同时也在期待或者渴望对方给予回应。如果只是表面上听，而没有真正理解和共情，对方会感到自己的话似乎没有被真正接纳，甚至可能觉得被忽视了。这时候，交流就会显得有些空洞，关系也不容易加深。

而善于倾听的人，通常能够在对话中表现出他们对对方情感的关注。例如，他们会点头、微笑，或者通过适当的提问来显示出自己对对方话题的兴趣。更重要的是，他们会根据对方的情绪做出反应，不仅关注话语本身，更关注话语背后的情感。例如，如果对方说自己最近很累，善于倾听的人可能会回应“听起来你最近很不容易，是什么让你这么疲惫”，这种回应方式让对方感到被理解，被关注，而不是仅仅说一句“哦，真是辛苦了”。

善于倾听对于我们维护人际关系非常重要，但是真正的倾听并非那么容易。因为这不仅仅是技巧的问题，还有用心的问题。回想一下，你是个善于倾听的人吗？

测一测：如果你的行为中，有以下情况的一种或一种以上，你就应该注意改善自己的倾听能力。

和别人沟通时，贸然打断对方，迫切地讲自己的故事或者提出意见。

和别人沟通时，与对方没有眼神接触。

和别人沟通时，随意否认对方说的内容，干扰对方的表达节奏。

和别人沟通时，催促对方。

和别人沟通时，看手机、玩游戏，或把注意力转移到其他事情上。

和别人沟通时，前言不搭后语，不记得对方说了什么。

和别人沟通时，随意对对方的内容下定论。

好在倾听不是与生俱来的能力，每个人都可以通过一些技巧和练习来领会这项能力。为了让我们的社交更顺利，有必要先来了解倾听的内涵。

直接表达

“我懂你的意思”，过早打断了对方的思考；“这事很简单”，轻视了问题的复杂性。

这样表达会暴露出倾听者的不耐烦，既无法获取完整的信息，也会破坏彼此的信任。

换个方式说

运用“你是指……”句式，确认关键信息；运用“这个问题你怎么看”句式，引导对方思考。

这种倾听方式能准确捕捉对方的核心诉求，确保后续的沟通可以精准切入要点。

第三章 换个方式“表达重点”，惊艳四座

在表达中，很多人说了很多，却没人听进去；讲了一大圈，重点还是没人抓住。真正厉害的表达者，不靠话多取胜，而是靠句句精准、层层递进，直击对方的关注点。表达方式一换，效果就能出圈。重点说对了，说得少也能惊艳四座。

等个“合适的时机”再开口

俗话说：“来得早不如来得巧。”这句话也同样适用于社交。在沟通中，说话的时机往往比技巧更加重要。

谈话是双方的交流，不是一个人的独角戏。很多时候，说话的效果，不在于你说得多精彩，而在于你是不是选对了时机。哪怕是一句再恰当不过的话，说早了是唐突，说晚了是废话，说错了时候甚至还会招人反感。真正会说话的人，不只是会组织语言，更懂得看准时机，等一等、慢一拍，再出口。

什么样的时机，才算是说话的好时机？最基本的一条是对方愿意听的时候。你讲得头头是道，对方却心不在焉，那就是白说；你一番好意，对方正烦着事，非但听不进去，还可能反感你多管闲事。所以，先看一看对方的状态，是不是情绪稳定、注意力集中、有交流意愿。如果没有，就不妨等等，等一个更合适的时机。

比如，孩子刚刚因为没考好垂头丧气，家长第一时间冲上去批评：“你看你平时就不认真！”这时候孩子情绪正低落，你说得再有理，他也只觉得你不理解他。相反，如果你先拍拍他肩膀，说：“没事，先休息一下，我们晚上再聊。”等他情绪缓和了，再谈学习问题，效果往往会更好。

再如，职场中你想给领导提建议，如果他正忙得焦头烂额，你贸然上前说：“我觉得这个方案有点儿问题。”即使你是出于好意，也很容易被误解为添乱。聪明的做法是先观察，再挑一个他状态放松、时间空闲的时段，比如，刚开完会、临近下班前，说一句：“方便的时候我有点儿小建议，您看看什么时候聊合适。”这样表达既有礼貌，也提高了对方听进去的可能性。

有些人习惯“想到就说”，觉得拖一拖反而错失机会。其实，真正的好机会，不在于你说得有多快，而在于你说得是否恰到好处。人与人之间的交流，有时更像打太极，你要懂得以静制动、以退为进。先稳住自己的表达欲，观察局势、判断节奏，等对方准备好了再开口，话才能说得进人心里。

当然，也不是说要一直等，让你把话憋在心里，而是要学会在“马上说”和“永远不说”之间，找到那个恰当的时间点。比如，当对方发完牢骚，情绪平复下来；当场合变得安静、私密，适合交流；当对方主动提出类似话题，表明有兴趣听你说。这些都是表达的好时机。

找准说话时机，也意味着你在尊重对方。你不是一味输出，而是关注对方有没有空间接住你说的话。这种表达方式体现了一种分寸感，也是一种沟通的智慧。

说到底，语言是一种关系的艺术，说话不仅是传递信息，更是人与人之间情感的互动。而每一段好的对话，背后都有一个共同点——它发生在对的时间里。

不是所有的真话都要立刻说出口，不是所有的建议都要马上提出。多一点儿等待，多一点儿观察，多一点儿对时机的敏感，你会发现，很多话不需要重复很多遍，只要在对的时刻说一次就足够了。

直接表达

“我必须现在说”，强行插入不合时机的观点；“等我说完”，打断他人发言节奏；“刚才忘了讲”，事后补充会破坏讨论的连贯性。

这种不合时宜的表达，会降低沟通效果。

换个方式说

运用“等您说完我再补充”句式，保持对话的完整性；运用“我们可以稍后详谈这个点”句式，合理安排议题。

既不错失关键的表达机会，也不干扰正常的对话流程，其关键在于准确判断最佳介入时机。

适时说出认同的话，轻松俘获人心

说句“你也很累吧”，会让对方觉得你与他同频，这种感受瞬间让他的心底涌起暖意。

每个人都渴望在日常的人际互动中展现出非凡的个人魅力，成为一个具有吸引力的人，然而，你可曾留意到，那些真正受到大家欢迎的人，他们身上仿佛自带一种磁性，让人不由自主地想要靠近。这种难以抗拒的力量，正是源自共情的能力。人与人之间的交往是否融洽，在很大程度上与我们的共情能力有关，而在社交沟通中，共情力的表现方式就是适时说上一句“我也是这样想的”。

在所有情绪的表达中，倾诉烦恼最容易拉近彼此间的距离。心中的烦闷，有时不需要多高明的建议，仅是对方回复一句“是呀，我也这么认为”就能让人一扫心中的阴霾。

除了烦恼之外，还有对高兴、生气、悲伤、快乐等情绪都给予认同的话，自然容易拉近双方的关系。即使无法体会跟对方一样的情绪，试着找找“部分相似”也可以。例如，同事在工作中犯错了，领导不问缘由就在大家面前把他骂得狗血淋头，即便你的心情无法跟同事一样，你也应该能理解那种被骂的感觉，并懂得同事心中部分感受，这时你只要说一句“你今天真是倒霉”，就能拉近跟同事之间的距离，在他心里留下好印象。

“我也是这样想的”这句话就像在告诉对方“我懂你，我跟你有同样的感受”，这让对方觉得自己的感受被理解了，不再孤单。人们通常喜欢和能理解自己的人交往。当你认可对方的观点时，对方会更愿意向你敞开心扉，分享更多的想法和感受。这样，你们的关系会变得更加亲密，同时你的个人魅力也会得到加分。

用好“我也是这样想的”三个建议：

◎引导深入对话

在说完“我也是这样想的”后，可以继续添加一些自己的见解或相关的经历，这样能引导对话深入，使交流更为丰富。例如，“我也是这样想的，特别是在看到那里的风景时，我感到非常震撼”。

◎适度使用

虽然“我也是这样想的”是个好工具，但要适度使用。过于频繁地使用可能会显得没有真诚或热情。根据具体情况来使用，确保交流自然流畅。

◎增加互动性

使用“我也是这样想的”后，可以鼓励对方分享更多的想法。例如，“我也是这样想的，你觉得最吸引你的是什么呢”，这样可以让对话更具互动性。

直接表达

“我早就知道了”，显得傲慢轻视；“这没什么大不了”，否定了对方的感受；“我比你更累”，转移话题焦点。

这样表达会立即中断情感连接，让对方感到被否定和忽视。

换个方式说

运用“我能理解你的感受”句式，建立情感共鸣；运用“确实很不容易”句式，确认对方的处境；运用“我们想到一起了”句式，强化认同感。

保持同步的情绪表达，既展现理解深度，又维持对话平衡。

明确沟通意图，说话一句胜十句

说话就像射箭，只有明确目标，才能准确命中。

成功学大师卡耐基曾说：“在筑墙之前，你就应该决定把什么圈出去，把什么圈进来。”这句话同样适用于沟通。在开口之前，我们必须明确自己的表达目的，做到心中有数，才能从容应对、恰当应答。

例如，朋友情绪低落，你希望给予安慰，那么即便对方在交流中说出一些冒犯或情绪化的话，你也能因为心里清楚自己的目标是"安慰对方"，而不会轻易被情绪带偏，更不会针锋相对。又如，在与陌生人初次交流时，自我介绍的目的就是让对方了解你的身份与背景，而非展示观点或倾诉情绪。如果目标明确，说话自然就有重点，也能更快达成想要的效果。

明确的沟通目标能帮助我们做好多方面的准备，包括心理上的自我调节、内容上的有效组织，以及表达技巧上的选择与运用。只有先知道"想达成什么"，我们才能判断需要收集哪些资料、采用什么样的语体风格、选择哪种交流方式。相反，如果目标模糊不清，沟通就容易变成东拉西扯、信口开河，不仅难以传达有效信息，还可能因言辞不当而影响他人对我们的印象。

我们应当珍惜每一次表达的机会，每一次交流都应有意识地完成一个清晰的目标。例如，在医院看病时，我们应尽量清晰、准确地向医生描述症状和病情，而不是反复诉说自己多么辛苦、请假多么不易。因为医生需要的是有效信息来判断病因，而不是情绪发泄。一味地倾诉反而会影响医生的判断，延误诊治。

在职场中更是如此。无论是工作汇报还是会议发言，如果没有经过清晰的思考和目的设定，一味滔滔不绝，不仅表达混乱，连自己也未必说得明白，而且听者更难从中获取重点，进而影响他人对你的专业判断和工作认可度。

那么，如何才能做到"说话有的放矢、目标明确"呢？

◎言之有理

切忌空泛无物、冗长重复。正如古人所言："欲语唯真，非真不语。"语言必须建立在真实之上，内容要有价值、有信息、有逻辑，才能打动人、说服人。

◎用合适的语言风格

面对不同的对象，要用对方能接受的方式表达相同的意思。例如，劝勉大学生珍惜时间，可以引用诗句“劝君莫惜金缕衣，劝君惜取少年时”，这种文学化的表达更容易引发共鸣。而面对小朋友，直接说“要好好学习，不要浪费时间”，反而更清晰、直接、有效。

总之，话不在多，而在于是否准确击中要点、传达清楚，真正做到“少而有力”，才能让每一次开口都带来积极的效果。

直接表达

“随便聊聊”，缺乏重点的无效沟通；“想到哪说到哪”，思维混乱的表达方式；“你懂我意思吧”，推卸表述责任的反问。

这样表达既浪费时间，又难以达成沟通目标。

换个方式说

运用“本次讨论要解决三个问题”句式，明确目标；运用“第一、第二、第三”句式，结构化表达；运用“我们需要达成什么结论”句式，聚焦结果。

保持清晰的逻辑主线，既提升信息传递效率，又确保对方准确接收。

话不在多，在于一句说到心坎上

简洁的语言常常充满力量。

生活中，有一种常见的错觉：话说得多，就代表自己有理、有影响力。于是，有些人在争执时滔滔不绝，在表达观点时絮絮叨叨，仿佛只要说得足够多，对方就会被说服。然而，事实恰恰相反。真正有分量的语言，往往不是靠多取胜，而是靠是否能打动人心。

一句话有没有力量，关键在于说话者有没有看清场合、理解人心、把握重点。话说得再多，如果没有击中对方关心的事实，就像在空气中挥拳，看似激烈，实则无效。而一句简短却精准的表达，哪怕只有十个字，也可能让人印象深刻，甚至改变一个人的看法或情绪。

比如，孩子考试没考好，家长急得一连说了十几分钟：“你平时都在干嘛？为什么总是粗心？你看看别人家孩子……”这堆话说完，孩子只觉得烦、委屈、沮丧，根本没有听进去。相反，如果父母只说一句：“我知道你已经尽力了，没关系，我们下次再想办法。”孩子反而更容易安定下来，慢慢敞开心扉。

再如，职场中同事出现失误，有的人开口就是一大段批评、追责，从制度到态度全盘批判，结果不仅问题没解决，还激化了紧张情绪。而一位有经验的管理者，可能只说一句“没关系，先看怎么补救”。这句话简短、实际，不指责、不翻旧账，却立刻能让人冷静下来，进入解决问题的状态。

有力量的话并不是声音最大，也不是词最多，而是说得恰到好处。它可能是温柔的，也可能是坚定的，但一定是有温度、有方向的。它能传递出理解、尊重、信任，也能让人感受到边界、原则与支持。

说话像下棋，高手从不靠胡乱出招吓人，而是每一步都讲究策略。我们与人沟通时，也不妨多思考一句话背后的力量，而不是堆砌表面的内容。真正有效的表达，是让对方听得进去、愿意回应，而不是一味输出、期待对方自动接收。

日常生活中，我们都可以试着练习。面对孩子情绪低落，不要急着劝和责备，而是先来一句："你是不是有点儿难受？我陪你。"面对朋友倾诉，不必长篇安慰，也许一句"我懂你现在的心情"就已经足够。

少说一点儿，并不等于不关心，而是把心思用在了关键处。真正有力量的语言，不靠字数赢人，而是靠情感与判断打动人心。

说得少，但说得准，这才是高效沟通、深度连接的关键所在。话语的分量，不在于你说了多少，而在于你说得是否恰好，让人听得进、记得住、愿意接，这样的语言才真正有力量。

直接表达

"你听我说完"，冗长的解释会模糊重点；"这个事情很复杂"，铺垫过多会削弱力度；"可能大概也许"，含糊其词会丧失说服力。

这样表达既浪费沟通时间，又会降低信息价值。

换个方式说

运用“三个核心优势是……”句式，直接呈现价值；运用“数据表明……”句式，强化论证；运用“建议采取……”句式，明确行动方向。

每句话都承载着关键信息，可以提升沟通效率，其关键在于删除冗余，保留精髓。

站在对方的角度说，好听又有效

要想了解一个人，首先要学会站在他的立场上。

有时候，我们明明说的是事实，也没有恶意，却总是被误解、被反驳，甚至让人不高兴。问题常常不是出在内容上，而是出在说话的方式上。说话方式不对，就像把好药兑在冷水里，再有用的内容，也难以下咽。而要说得让人愿意听、听得进去，最有效的一种方式，就是换位思考，多站在对方的立场发言。

换位思考并不是一味退让，更不是讨好，而是懂得理解对方的处境和感受，然后调整我们的语言，让话语更贴合对方的接受方式。你不必改变你想表达的核心观点，但你可以换一个方式去说，让对方听起来更舒服，也更容易产生共鸣。

比如，同事迟到了，你直接说："你怎么又迟到了？"虽然是实情，但语气一冲，容易引发对方的反感。如果你换个方式表达："路上是不是堵车了？还好吗？"语气变得柔和，表达了关心，也为对方保留了体面。很多时候，一句话能不能说好，差别就在一个视角的转换。

再如，孩子没完成作业，家长气得想说："你怎么总是这么拖拉？"但如果你换位思考一下，站在孩子的角度去想，也许他今天已经很累了，或者有些不会写。这时候你换一种说法："今天写得比较慢，是不是有点儿难？我可以陪你一起看看。"结果就可能完全不同，孩子更愿意配合，亲子关系也更加融洽。

在职场上也是一样。有的领导在指出问题时，直截了当："你这个方案太不成熟了。"听到这话的人下意识就会防备甚至自尊受挫。而如果换个方式说："这个想法有点儿意思，我们可以再优化一下，让它更完善。"不仅指出了问题，还传递出鼓励和认可，既解决了问题，也维护了关系。

想要让对方愿意听，就得从对方的角度出发。你在说的时候，想着的是"我要表达什么"；而对方在听的时候，关注的是"你对我有什么态度"。其中表达效果的差距，就靠换位思考来决定的。

学会换位说话，意味着你开始关注"人"而不仅仅是"话"。当你愿意先理解对方，而不是急于表达，你说出来的话就会更温和、更有效，也更有力量。

所以，在沟通前，给自己三秒钟的提醒：如果我是他，我想听到什么样的话？如果你能做到这一点，你的语言就不会是冷冰冰的判断，而是温和中带着理性，坚定中透露善意。

换位思考不是让我们去迎合所有人，而是提醒我们：好的表达，始终是从理解开始的。你愿意往对方的方向多迈一步，沟通的距离就会更近一步。有时候，我们只需要站在对方的角度表达观点，就能让原本艰难的话题变得顺畅，让一段对话从对立走向理解。

直接表达

“你这样做不对”，主观武断地指责；“按我说的做就行”，忽视对方立场的命令；“你想太多了”，否定他人感受的敷衍。

这样表达暴露了以自我为中心的沟通模式。

换个方式说

运用“我理解你的顾虑是……”句式，确认对方立场；运用“如果这样做会影响到……”句式，分析利弊；运用“你觉得哪种方式更合适”句式，给予选择权。

其关键在于暂时搁置自我立场，真正进入对方思维框架。

第四章 换个方式"问"，胜过一堆问题

很多时候，不是你问得不够多，而是你问得不够对。真正有力量的提问，不是要追问对方的答案，而是打开一段愿意深入交流的通道。换种方式问问题，你会发现，对话不再卡壳，关系也不再尴尬。

以“提问”替代陈述，引导对话进行

当人被提问时，注意力一般会更容易集中在被提问的内容上。

在我们的日常生活中，无论是与朋友的闲聊，还是职场的讨论，能够吸引对方的注意力是一项重要技能。如果我们总是以一种单调的方式传达信息，往往会让人感到无聊，从而失去兴趣。例如，当我们直接告诉同事“我们需要提升团队的效率”时，可能会引起他们的反感和抵触。而如果我们转而询问：“你觉得我们在工作中有哪些环节可以改进以提升效率？”不仅能够引导他们思考，还能激发他们的参与感和发表见解的兴趣。

同样一句话、一个想法，由你告诉别人，他们会怀疑、会排斥、会反对；让他们自己说出来，他们更愿意相信、更愿意接受。设计好问题，让对方把答案说出来，而这个答案正是你想要传递给对方的想法，这就是提问沟通术的精妙之所在。

心理学为了研究人类大脑的功能做过许多实验，其中一个实验是这样的：给应试者一张布满多人肖像的照片；接着，心理学家提问应试者：“有多少张头像的发型是扎起来的辫子？”应试者在看完照片后给出了答案；然后，拿走应试者手中的照片，再次提问应试者：“头像中是否有黑猩猩的头像？”结果，有 82% 的应试者露出了错愕的表情，因为他们根本没有注意到照片中出现的黑猩猩。

其实，这个实验想要测试的重点是：问题会不会影响了人的关注力。实验结果表明：问题改变了人们对于所见事物的识别、注意和记忆。

类似的实验还有：给应试者一段人群川流不息的视频；接着，提问应试者："有多少个人是反方向走动的？"应试者在看完视频后给出了答案；然后，关掉应试者手中的视频，再次提问应试者："人群中是否有穿裙子的男人？有几个这样的男人？他们的裙子是什么颜色？"

实验的结果是相同的：事先提出的问题，会让应试者把心智潜力和关注力都集中到这个问题上，而对真正奇怪的事情，如黑猩猩、穿裙子的男人视而不见。

这给予我们启示：在社交互动中，应巧妙运用提问来替代直接的说教，通过精妙的提问能够高效地达成目的，事半功倍。具体而言，若想要激发他人的兴趣，使用疑问句往往比陈述句更能奏效。

请比较下面的话语中，哪种方式更能引起你的注意？

这本书介绍了在阳台上种菜的方法、技巧和经验。（陈述）

您想把您家的阳台变成一个绿意盎然的小菜园吗？（提问）

孩子，多吃菠菜对身体好，能像大力水手一样有力气。（陈述）

孩子，你想不想像大力水手一样有力气呢？（提问）

答案显而易见，提问的方式更容易引起兴趣和注意。比如第一个问题可以这样提问："您想把您家的阳台变成一个绿意盎然的小菜园吗？（停顿）那就看这本书吧，这本书介绍了在阳台上种菜的方法、技巧和经验。（自问自答）"

对方回答："不想。"

那么，你可以继续提问："我遇到的很多人都对阳台种菜很感兴趣，您为什么不想了解一下呢？"

对方回答："因为我家没有阳台呀……"

接下来，引入其他的话题就是水到渠成的了，如"你喜欢有阳台的房子吗""如果你家有阳台，你会在阳台上种些什么"。

在以上的例子中，提问不仅激发了好奇心，还促进了双方之间的互动，使听者更容易参与对话。只要对方开始与你沟通，开始进入到正常的对话情景，那你通过提问引发对方兴趣的目的也就达到了。

提问时，想要让对话更顺利，可以考虑以下几个方面

◎明确目的

在提问之前，要明确你的目的。你是想获取信息、了解对方的观点，还是希望引发深入的讨论，只有明确的目的，才能设计出更有效的问题。

◎注意语气和措辞

提问的语气和措辞会直接影响对方的反应。保持友好和开放的语气，避免使用可能让人感到防备的语言。例如，使用"你能分享一下你的看法吗"而不是"你为什么这么认为"前者更容易让人感到舒适。

◎避免个人攻击和谈论敏感话题

在提问时，务必避免涉及对方可能感到不适的私人问题或敏感话题。这不仅能避免尴尬，还能维持良好的交流氛围。例如，涉及家庭、收入或个人背景等问题时，要小心提问。

直接表达

"你根本就不懂"，质疑对方的能力；"为什么要这么做"，隐含责备的压迫式提问；"你难道不知道……"彰显优越感的反问句式。

这样表达会立即触发对方的防御心理，破坏对话的氛围。

换个方式说

运用“您对这个方案有什么建议”句式，激发专业见解；运用“当时是哪些因素促成了这个决定”句式，引导对方的深度思考；运用“后续可能面临哪些挑战”句式，拓展讨论维度。

这样提问既获取了有效信息，又提升了对话质量。

明知也要故问，让对方心甘情愿多说

用问题营造认可感，让对方在分享中找到自我价值。

在沟通中，我们总是避免不了提问。除了有疑惑时要问，有时候还要明知故问。比如，“你的钻石戒指很贵吧”“听说你最近又出了一本新书，一定很畅销吧”，这些问题的答案可能都是你知道的，但是这样明知故问地提问对方，等于给对方一个“自卖自夸”的机会，会觉得自己的价值得到了认可。这种认可会带来自信和满足感，让被提问者更愿意分享自己的经历和感受。例如，被问到新出的书是否畅销时，作者会觉得自己的创作得到了关注，内心的成就感油然而生。

人们通常都有分享自己生活中重要事件和感受的欲望。明知故问正好给了被提问者一个表达的契机，让他们能够将内心的喜悦、自豪或者困扰倾诉出来。同时，被提问者也会觉得提问者是一个好的倾听者，从而增加对你的好感。

明知故问，其实是在向对方传递一个信号：我对你感兴趣，我想了解你更多。这种积极的信号往往能够激发对方的回应欲望，使他们更愿意与我们交流。例如，看到同事穿了一件新衣服，可以明知故问地说：“哇，你这件衣服真好看！是新买的吗？”这样的问题既不会显得突兀，又能够让同事感受到你的关注。同事可能会很高兴地回答你的问题，并分享购买这件衣服的经历和心得。通过这样的交流，你们之间的关系可能会更加融洽。

对于那些有成就的人，“明知故问”也是一种很好的赞美方式。例如，你知道对方刚刚获得了一项重要的奖项，可以明知故问地说：“听说你最近获得了一个很厉害的奖项，是真的吗？”对方会因为你的提问而感到自豪，并且会更愿意与你分享获奖的喜悦和背后的努力。这样的交流不仅能够让对方感到高兴，还能够让你了解到对方的成功经验，为自己的成长提供借鉴。

“明知故问”法要注意的三个原则：

◎要真诚

明知故问不是为了敷衍对方，而是要真正地表达对对方的关注和兴趣。如果你的问题显得很虚伪，对方可能会感到不舒服，甚至会对你产生反感。

◎要适度

明知故问不能过于频繁，否则会让对方觉得你很啰唆或者别有用心。要根据具体情况和对方的反应，适当地运用明知故问的技巧。

◎要尊重对方的隐私

如果对方不想回答你的问题，或者觉得你的问题涉及了自己的隐私，要及时停止追问，尊重对方的选择。

直接表达

“这你都不懂吗”，贬低对方认知能力的反问；“不是早就说过了”，显露不耐烦的质问；“你自己想不明白吗”，推卸解答责任的提问。

这样表达会打击对方的表达意愿，破坏对话互信基础。

换个方式说

运用“这个方案的核心优势体现在哪些方面”句式，引导专业展示；运用“如果换作现在，您会如何优化”句式，启发深度思考。

运用问题设计，让双方在问答互动中实现价值认同，其关键在于将提问转化为知识传递的契机。

步步设问法：让对方说出你想听的答案

问题不仅是寻求答案的途径，更是打开心智的钥匙。

在沟通中，开口的方式往往决定了对方的反应和态度。步步设问法就是一种可以让你在交流中更具吸引力的方法。它的核心在于通过一连串的问题引导对方的思维，从而使他们在不知不觉中接受你的观点。这样一来，参与对话的人不仅会因为自己的回答而产生认同感，还会在潜意识中接纳你想表达的思想。

步步设问法的运用来源于人类心理学中的认同效应。当我们逐步回答问题时，潜意识里会倾向于维持一致性。简单来说，如果一个人对某个问题的答案说了“是”，他在后续交流中就会更容易接受与之相符的观点。因此，通过设问来创造一种心理上的共鸣，让对方自愿走向你希望的结论，显得尤为重要。

例如，当你与同事讨论一个项目时，可以这样说：“你觉得团队合作对于项目成功有多重要？”同事可能会回答“非常重要”。接下来，再问：“如果团队成员之间的沟通不畅，是否会影响项目的进展？”同事肯定会再次回答“是”。这种提问方式逐步加深了对话的深入，最后你可以引出自己的观点：“因此，我们需要更加重视团队的沟通。”这种循序渐进的方式让你的观点更易被接受，同时也有利于你施展自己的个人魅力。

与人沟通中，步步设问法不仅能增强互动性，还能为建立人际关系提供实质性的支持。通过提出相关问题，询问对方的想法和感受，表达对其观点的重视，这种积极倾听的态度会让对方感受到被尊重，从而建立起良好的信任关系。例如，当你在与朋友讨论一个共同感兴趣的话题时，先询问他们的看法，接着再分享自己的观点。这样一步一步地设问，你可以引导对话，鼓励对方积极发表看法，进而提升他们在对话中的投入度。

使用这个社交技巧时需要注意一些技巧。

首先，问题的设置要有逻辑性，一个问题接着一个问题，逐步引导对方的思维。不能跳跃性太大，让对方摸不着头脑。

其次，问题要具有启发性，能够激发对方的思考和兴趣。不能过于简单或者无聊，让对方失去回答的动力。

最后，要注意语气和态度，要真诚、友好，让对方感受到你的尊重和关心。不能咄咄逼人或者强行引导，让对方产生反感。

运用这个技巧时，以下经验尤为重要：

◎倾听和反应

在提问后，认真倾听对方的回答，并通过简短的回应如“我懂了”或“那真的很有趣”来表示关注。

◎灵活应变

在使用步步设问法时，要注意对方的情绪反馈。通过观察对方的表情和语气，可以判断他们是否在接受你所引导的观点。如果对方表现出困惑或抵触情绪，及时调整策略，以确保对话的顺利进行。

直接表达

“你怀孕了吗”，直接打探私人状况；“你离婚了吗”，贸然猜测负面信息；“你工资多少呀”，涉及敏感隐私的提问。

这样提问会立即引发对方防备，破坏沟通氛围。

换个方式说

运用“最近有什么喜事吧?”句式，替代直接打探；运用“这段时间过得怎么样”句式，关心近况而不越界；运用“工作上有什么新突破”句式，了解职业发展。

保持礼貌距离，既表达关心又尊重隐私，让对话在舒适范围内展开。

沟通目的不同，问法也要适时变换

封闭式提问和开放式提问没有好坏之分，只是应用的场景不同。

在我们的日常交流中，提问是打开对话之门的关键，而提问的方式通常分为封闭式提问和开放式提问两种。它们各具特色，适用的场景也有所不同。掌握这两种提问方式的区别，能让你开口的话语更具吸引力，交流更加顺畅。

封闭式提问，就像是一个有着明确答案选项的选择题。提问者往往可以用“是”或“不是”，“对”或“不对”等简短的语言来回答。例如，“你今天吃早餐了吗”“这个活动你会参加吗”，这类问题的答案非常明确，就像在一个封闭的盒子里，只有两个选项。

开放式提问则比较发散思维，没有固定的标准答案。回答者可以根据自己的理解、经验和感受自由发挥。例如，“你对未来的职业规划有什么想法”“你觉得什么样的生活才是幸福的”，就类似这样的问题，回答者可以尽情地表达自己的观点，分享自己的故事和感悟。

封闭式与开放式问句类型举例：

例如：“您喜欢北京这个城市和北京的气候吗？”“您是否有再次访问北京的愿望？”——属于封闭式问题。对方的回答必须是明确的，“喜欢”或者“不喜欢”，“有”或者“没有”。

例如：“请您谈谈您这次访问中国的感想。”“您访问中国后有什么看法？”——属于开放式问题。对方既可以谈得很多，也可以谈得很少，甚至可以不谈实质性看法。

封闭式提问的特点是快速获取具体信息。想象一下，你在工作中需要确认一个数据，直接问同事：“这个数据是 50 吗？”对方可以迅速给出肯定或否定的答案，让你高效地完成任务。这就是封闭式提问的好处，在时间紧迫或者需要简洁回应的时候非常有用。但是，它也有局限性，那就是限制了回答者的发挥空间，无法深入了解对方的真实想法。

开放式提问则展现出完全不同的魅力。它的答案丰富多样，能让我们获取更多的信息和观点。例如，在一场讨论会上，提出“如何提高团队的协作效率”？对于这样的问题，每个人都可以从自己的角度出发，分享不同的方法和经验，从而为问题的解决提供更多的思路。而且，开放式提问给予回答者较大的发挥空间，有利于深入交流，让我们更好地了解对方的内心世界。

对于封闭式提问，我们要注意问题的简洁明了，避免模糊不清。比如，“你觉得这个方案怎么样”就比较模糊，而“这个方案可行吗”则更加明确。同时，提问的语气也很重要，不要过于强硬或咄咄逼人，以免让对方感到不舒服。可以用委婉的语气提问，比如，“你觉得这个方案有没有可能再改进一下呢”。

开放式提问的技巧则在于问题要具有启发性，能够引导对方思考。比如“你认为未来的科技发展会给我们的生活带来哪些变化”，这个问题可以让对方从多个角度去思考科技对生活的影响。此外，给予对方足够的时间和空间来回答问题也很关键，不要急于打断。有时候，对方可能需要一些时间来整理思路，我们要耐心等待，让对话更加深入。

这两种提问方式各有各的优点，也有各自的局限，关键在于用在什么场合。比如，你想尽快得到一个明确答案，用封闭式提问就很合适；但如果你希望深入交流、解决问题，或者激发对方去思考、表达，那开放式提问会更有效。不同的场景，对沟通的需求也不同。有时候，封闭式和开放式提问还可以搭配使用，效果会更好。

直接表达

“你同意我的观点吗”，诱导性封闭式提问；“你是不是做错了”，责备式封闭式提问；“这个很简单对吧”，预设答案的无效提问。

这样提问不仅会限制表达空间，隐含评判态度，也会加剧对方的紧张情绪。

换个方式说

运用“是否需要补充说明”句式，提供安全的回应空间；运用“这个方案您觉得可行吗”句式，给予明确的回答范围。

设计指向明确的封闭式问题，既降低回答难度，又确保信息准确传递，其关键在于平衡问题限制性与回答舒适度。

引导对方说“是”，比强硬说服更有效

用“是”的阶梯引导对方往你想要的方向走。

在沟通中，让对方不断点头称“是”，会让他觉得跟你沟通是顺畅的，从而愿意与你交流。在这种放松的心境下，人们更容易放下原有的偏见，倾向于接受对方的观点。如此，你便能依照预先规划的节奏，巧妙地引导对方跟随你的思路展开交流，使得整个沟通过程更加流畅无阻。

这种技巧是一种说服策略，有点儿像“是”的阶梯，一步一步地引导对方往你想要的答案上走。通过这种方法，你可以逐渐建立对方的同意感，使对方在心理上更加倾向于接受最终的、更重要的提议。

这种策略其实有点儿像心理学中的连贯性原则，即人们倾向于保持其行为、言论和信念的一致性。当你让对方在对话初期就多次说“是”，他们在后续的讨论中保持一致的态度的可能性就会增加。此外，每一个“是”的回答都能增强对方的参与感和对话的流畅性，从而使整个沟通过程更加顺畅。

当一个人原本持有某种偏见，但又不断给出肯定回答时，就会产生认知失调。为了缓解这种失调带来的不舒服感，人们往往会调整自己的认知，放弃原来的偏见，转而同意对方的意见。

当一个人在不断地回答“是”之后，即使自己有不同的看法，也可能会为了与之前的回答保持一致，不知不觉调整自己的想法，以维持心理上的平衡。

使用让对方说“是”的提问方法，有几点要特别注意：

◎要创造出正面地说“是”的气氛

所提问题应经过精心考量，不可信口开河。例如，你与身边的人这样沟通——

“今天还是和昨天一样热，是吗？”“是的。”

“最近通货膨胀，物价越来越高，是吗？”“是的。”

“现在市场这么不景气，真叫人不知如何是好。”

这一类问题虽然很正常，不论如何说，对方都会回答“是的”，好像已经创造出肯定的气氛，可是说话的内容却制造出一种悲观的气氛，这样的氛围是不利于展开社交的。

◎提问题的方式是非常重要的

什么样的发问方式比较容易得到肯定的回答呢？答案是向对方暗示你想要得到的答案。例如，在询问朋友对某事物的印象时，不应问喜不喜欢，因为你问“喜不喜欢”，对方很可能回答“不”。因此，应该问：“你一定很喜欢，是吧？”

直接表达

“你不同意吗”，制造对立情绪的负面提问；“这么简单你还不明白吗”，含贬低的压迫式提问；“难道你不觉得……”，属于绑架式反问。

这样提问会触发心理抗拒，往往会适得其反。

换个方式说

运用“这个问题很重要，对吧”句式，建立初始共识；运用“您也认为需要改进，对吗”句式，确认共同立场。

采用递进式肯定结构，每个问题都基于前一个肯定回答，自然引导对话方向。

只给两个选项，让对方回答更合你的心意

提问不是为了得到答案，而是为了开启一段有意义的对话。

在日常交流中，我们都渴望自己的话语能够引起他人的兴趣，让沟通更加顺畅和富有吸引力。而有时候，仅仅给出两个选项——Yes 或 No，却能成为打开吸引力之门的关键密码。

当我们想要开启一场对话或者提出一个问题时，直接以“Yes 或 No”的形式呈现。例如，你对朋友说：“你觉得今天我们去公园散步怎么样？Yes or no？”这种简洁明了的提问方式，瞬间抓住了对方的注意力，让他们不得不快速在脑海中做出反应。这种提问方式没有冗长的铺垫，没有复杂的表述，却有着一种别样的魅力。

这可不是一个简单的二选一的问题。如果朋友回答“Yes”，那我们就

可以像一个充满好奇的探索者一样，接着追问：“你觉得公园的哪个地方风景最好？”这样就成功地引导朋友进一步分享自己的想法和感受，让对话更加深入和有趣。

要是朋友回答“No”，也别气馁，可以继续询问：“是有其他更好的计划吗？”通过这样的追问，我们不仅了解了朋友的真实想法，还为后续的交流找到了新的方向。

在运用这个密码时，时机和场合至关重要。不能在对方正忙碌或者心情不佳的时候抛出“Yes 或 No”的问题，那样可能会适得其反。我们要像一个聪明的猎人，耐心等待合适的时机，比如，在大家都比较轻松愉快、氛围适宜的时候提出，这样才能让这个密码发挥出最大的吸引力。

同时，提问的语气和态度也能决定开口的吸引力程度。要用温和、友好的语气，让对方感受到我们的真诚和尊重，不能用生硬、冷漠或者命令式的语气，那会像一堵墙，阻碍你们继续交流。例如，你可以询问别人：“你能不能帮我判断一下这个主意，好还是不好呢？”而不是生硬地说：“这个主意肯定行，你说是不是？”前者让人感到被重视，自然更愿意参与交流。

引导他人快速做出选择的两个技巧：

◎体现各选项优势

在为对方提供选项时，要清晰且有条理地罗列出各个选项的独特好处。例如，你约别人去看电影，就应该给他分析：今天看电影能避开周末人群、享受更好观影体验，明天去则有更多时间准备并选更好场次。这样可以让对方能够清楚地看到每个选项所能带来的价值，避免因信息模糊而盲目选择。

◎结合对方需求强调好处

了解对方的实际需求、喜好和关注点，设置符合对方情况的问题。还是同样的情况，假如对方是个注重观影舒适度的人，在介绍今天去看电影的选项时，就着重强调避开人群能带来更安静、舒适的观影环境这一好处。通过将选项好处与对方需求紧密结合，能让对方更真切地感受到每个选项对自己的意义。

直接表达

"你要不要去看电影"，很可能得不到想要的答案；"你想今天去，还是明天"，无法激发判断力；"我两个时间都行，你看你随便选吧"，对方很难做决定。

这样提问会将复杂问题简单化，既无法获取有效信息，又阻碍深度交流。

换个方式说

"你更倾向今天避开人群、安静观影，还是明天有更多时间挑一场自己喜欢的"，引导理性选择；"你不是最怕电影院吵吗？今天去人少，特别适合你这种喜欢安静的人"，强化某一选项的吸引力；"如果你想舒服地看场电影，今天真挺合适的，人少、位置随便挑"，把优点说清楚。

激发对方的系统性表达，在问答互动中形成观点碰撞与信息交换。

第五章 换个方式“拒绝”，双方皆大欢喜

当你正埋头于繁忙的工作中，同事却请你帮他设计一个方案，你会怎么做？当你满身疲惫地回到家里，朋友却要你和他一起去买一件衣服，你会怎么回答……拒绝得太直接，怕伤感情；说得太委婉，又容易被误解或被继续纠缠。这时，换一种方式拒绝，既让自己从容抽身，又能让对方知趣而退，从而让双方皆大欢喜。

先表示认同，再开口拒绝

尊重和认同他人观点存在的合理性，这是沟通的基础。

在生活与工作中，我们常常陷入拒绝他人请求的棘手境地。尽管内心并不情愿，但出于各种人情世故的考量，我们往往会选择妥协。然而，这样的决定往往会给自己带来不必要的烦恼。因此，学会拒绝变得尤为重要，而拒绝其实是一门值得我们去掌握的艺术。

拒绝的艺术在于如何表达自己的立场，以便在维护自我边界的同时，不伤害他人的感情。在与人交流的过程中，当对方提出自己的观点时，给予肯定是非常关键的。一个人在被全盘否定时，往往会感到自尊受到威胁，从而采取激烈的反应，这样不仅无法促进沟通，反而可能加深误解和矛盾。

相反，当我们先表达对对方观点的认可与理解，再提出不同意见时，能够有效降低对方的防备心理。这种技巧不仅能营造一种融洽的谈判氛围，还能缩短双方的心理距离，提升交流的效率。例如，在拒绝时，可以先说："我理解你的看法。"接着，再说："但我有不同的看法。"这样不仅展现了对对方意见的尊重，也为自己的立场提供了合理的空间。通过这样的方式，双方能够在更为友好的氛围中达成一致，从而避免无谓的冲突。

总之，拒绝不仅是一种个人立场的表达，更是一种心理技巧。通过巧妙的沟通方式，我们能够在坚持自我原则的同时，维护良好的人际关系。

拒绝对方的经典句型：

◎“我理解你的观点，但……”

◎“我同意你的看法，只是从另一个角度来看……”

◎“你的意见是有道理的，不过……”

◎“从某种程度上来说，你说得对，但如果考虑到……”

◎“我完全理解你的立场，如果我是你，可能也会这么想，不过……”

这些基本句型可以灵活变化，需要根据具体情境灵活调整。这种表达方式既能够表现对对方意见的尊重，又能巧妙地引入自己的不同看法，从而达成更具建设性的对话。

直接表达

“这想法太天真了”，直接否定了对方价值；“这完全行不通”，武断拒绝了建设性讨论；“你根本不懂”，人身攻击式反驳。

这样表达会立即引发他人的对立情绪，从而影响人际关系。

换个方式说

运用“这个观点很有启发性”句式，先给予肯定；运用“同时我们可以考虑……”句式，引入补充视角；运用“实际操作中可能需要……”句式，说明调整的必要性。

保持理性客观，既承认对方的合理成分，又系统阐述不同的见解。

引用俗语拒绝，让对方笑着接受

俗语简短而有力，蕴含着深刻的处世哲理。

俗语经过历史的沉淀，成为人类智慧的结晶，凝结为对人类共通经验的总结。这些语句不仅简洁明了，易于理解，而且承载了许多文化背景与社会认知。正因为它们的普遍性和直观性，我们在使用这些俗语时，既能够避免冗长的解释，又能有效传达自己的态度。

在日常生活中，掌握一些合适的俗语，在遇到需要拒绝他人的时刻，能帮助你更加自信地应对尴尬，而不至于给自己和他人带来负担与不快。这些或幽默或风趣的俗语，让拒绝不再是冰冷的回应，而是一种幽默而友好的交流方式。

例如，当有人请你参加一个聚会，但你并不想参加时，你可以说："家里有河东狮，没自由哇。下班不按时回家，河东狮吼就来了。聚会我就不参加了，你们玩得开心哪！"虽然可能会被对方嘲笑一番，连出门都要汇报，令你没有面子，但这样的拒绝方式却不会伤害彼此的感情，反正可以让对方明白，我们的拒绝并不是针对他们个人，而是基于自身情况的决定。这样的表达让拒绝不再显得生硬，反而显得更有人情味。

同样，如果有人向我们借钱，而我们不想满足这个请求，可以这样回绝："只要能用钱解决的问题，我一个都解决不了。"尽管这句话并非传统俗语，更偏向于网络段子，但从语境上来讲，它是大家都能理解的共识。通过这样的回应方式，拒绝显得更为含蓄，也能让对方体会到我们的立场。这样略带轻松的话语让我们在开口拒绝别人时，能少一些拒绝带来的负面情绪，气氛也不会变得尴尬。

使用俗语来拒绝的好处在于，它能够瞬间切换被拒绝者的心态，在俗语所带来的共鸣与同理心作用下，被拒绝者会认为对方也跟自己一样，生活中有很多有口难言的处境，进而对被拒绝的结果产生理解之情。这样就完全避免了伤害对方的自尊，也让你的拒绝之词变得更动听了。

用“俗语”拒绝他人要注意以下三点：

◎选择恰当的俗语

例如，当同事邀请你加入一个你不感兴趣的项目时，你可以说：“哇，这个项目听起来太厉害了，我怕我这个‘菜鸟’会拖后腿呀！不过我很乐意帮忙查些资料。”

另外，要注意观察对方的反应。如果对方没有领会你的言外之意，你可以稍微直接一些，但仍然保持友好的语气。

◎结合幽默的语气和表情

拒绝他人时，只说俗语还不够，幽默的语气和表情能让你的拒绝显得更加自然。在说俗语的时候，可以配上夸张的表情和动作，增加趣味性。

◎注意把握尺度，避免过度调侃

幽默拒绝要掌握好分寸，不能过度调侃，以免让对方感到被冒犯。在使用俗语时，要考虑场合以及对方的性格特点。如果对方比较敏感或者场合较为正式，就需要更加谨慎地选择俗语和表达方式。

直接表达

“别异想天开了”，刻薄否定对方的想法；“这笑话真冷”，打击对方的表达热情；“你懂什么”，傲慢轻视他人的观点。

这样表达不仅达不到幽默效果，反而会伤害对方自尊，恶化沟通氛围。

换个方式说

运用“您这提议，让我想起一句老话……”句式，自然引入俗语；运用“看来我们要‘摸着石头过河’了”句式，化解分歧；运用“这个思路很‘接地气’”句式，进行温和的调侃。

关键在于幽默把握的分寸感，确保不会伤了你们之间的和气。

自嘲式拒绝：既顾情面，也保体面

如果你不能自嘲，那你就很难取悦自己。

当某人向你提出要求或恳请时，直接拒绝可能会让对方陷入尴尬境地。这种情况下，恰当的自嘲可以缓和紧张气氛，减轻对方的尴尬感，进而维护双方日后的交情。

自嘲即自我嘲弄，表面上看似在调侃自己，实际上却蕴含着更深的含义。

自嘲式拒绝的核心在于以幽默的方式降低自己的姿态，让对方感受到你的真诚和无奈。例如，当有人邀请你参加一个并不感兴趣的活动时，你可以说：“哎呀，我这整天忙得晕头转向，生活都不能自理了，简直就是个生活中的小迷糊。这种大场面我还是别去为好，省得给你丢人。”这样的回答不仅表达了拒绝之意，还通过自嘲让对方感受到你的亲和力，从而减少拒绝带来的负面影响。

再如，朋友邀请你出席宴会，而你不想参加，可以这样自嘲式回复：“哈哈，约饭哪？你真是找对人了！可惜我最近正在减肥，每天只能吃草。你要是不介意的话，我可以带着我的蔬菜沙拉去蹭你们一顿大餐！不过，到时候可别嫌弃我吃得太素哦！”通过自嘲的方式，夸大自己正在减肥的事实，以此来拒绝对方的邀请。同时，以一种轻松幽默的口吻提出一个不切实际的建议，即带着蔬菜沙拉去蹭饭，让对方明白你的拒绝之意。这样的回复既幽默风趣，又能让对方感受到你的真诚和善意。

自嘲其实是在无形中展现了拒绝者的一种宽容和自我接纳的态度，让对方感受到不是拒绝本身让人不愉快，而是因为无法改变的原因，也就是我们俗话说的“对事不对人”，从而避免了直接的冲突和负面情绪的产生。最终，这种拒绝方式让沟通显得更加和谐，双方的关系得以维持，被拒绝的人也不会因为被拒绝而感到难堪。

自嘲式拒绝需要注意以下几点技巧：

◎选择合适的自嘲点

自嘲点应当是一些无关紧要的小缺点或大家能够理解的困境，而不是真正的弱点或缺陷。例如，你可以自嘲自己的忙碌、懒惰、胆小等，但不要自嘲自己的能力不足或人品问题。这样既能让对方感受到你的幽默，又不会让自己陷入尴尬境地。

◎自嘲后，要给出合理的解释

虽然自嘲可以缓和气氛，但如果没有合理的解释，对方可能会觉得你只是在敷衍。因此，在自嘲之后，适当地给出一个拒绝的理由，让对方理解你的决定。例如，当有人邀请你参加聚会时，可以说："我性格比较内向，一到人多的地方就紧张得不行。我还是适合宅在家里。"这样的解释既表明了拒绝的原因，又能让对方感受到你的真诚。

直接表达

"我可没你那么闲，哪有空闲时间哪"，贬低对方的攻击性自嘲；"我这人就这样，天生不爱跟人打交道"，消极的自我否定；"我能力不足，你行你上啊"，推卸责任的伪自嘲。

这样表达看似自嘲得幽默风趣，实则充满敌意，会立即引发他人的对立情绪。

换个方式说

运用"我这老脑筋跟不上时代了"句式，以示弱；运用"让我做这个恐怕要闹笑话"句式，委婉推辞；运用"这种重任还是交给更专业的人"句式，转移责任。

保持轻松坚定的语气，既维护对方颜面，又明确表达拒绝。

拒绝不必太直接，含糊一点儿刚刚好

有时候，拒绝也可以藏在温和的语气与委婉的言辞之中。

在生活中，我们常常会遇到各种各样的事情，其中一些是我们乐意接受的，而另一些则是需要我们拒绝的。然而，有时由于情面或其他原因，我们又难以直接表达拒绝，往往需要一些技巧，其中一种最重要的方法就是“含糊回避法”。

那么，“含糊回避法”究竟是什么意思呢？它是指在对方提出某些问题或请求时，不明确地表态，而是以一种模糊、不具体的方式间接表达拒绝的意图。这种含糊的表达使得对方听了后难以捉摸，从而无法继续提出新的要求。

例如，朋友试了一件新衣服，自我感觉非常不错，于是询问你的意见“漂不漂亮”。你看完之后心里直嘀咕，认为一点儿也不漂亮，但为了不引起尴尬，你可以含糊其词地回答：“衣服款式挺新颖”。这样用衣服款式新颖这个回答模糊掉了“漂不漂亮”这个问题的答案，朋友稍微思考后就会察觉到你的真实意图。这样的交流方式，既避免了直接的冲突，又能在一定程度上维护彼此的感情。

在职场上，员工与领导之间常常需要使用这种方法来应对一些不便回答的问题。例如，某位员工在一次会议中被问及一个项目的进展情况。如果他认为进展不佳，直接说出实情可能会让领导失望，甚至引发不必要的批评。在这种情况下，他可以回答：“我们正在积极推进这个项目。”这样的话语虽然没有直接回答进展如何，但让领导了解到事情正在进行中，从而避免了直接的冲突。

“含糊回避法”可以应用于这些场景：

◎谈论个人喜好的问题

当朋友询问你对某种音乐风格或电影类型的看法时，如果你并不喜欢，但又不想冒犯对方，可以说：“我觉得这类型的音乐 / 电影有它独特的魅力，但不是我最喜欢的风格。”这样的回答既传达了你的看法，又不至于让对方感到失望。

◎讨论价值观

在涉及一些个人立场话题的讨论时，模糊的回答可以帮助保持对话的和谐。例如，当有人询问你对某一政策的看法时，可以回答：“这个问题很复杂，我觉得每个人都有自己的理由，值得深入思考。”这种方式尊重了不同观点的存在，同时避免了激烈的争论。

对于有关生活方式、职业选择等主观性问题，含糊其词的拒绝方法同样有效。如果有人询问你对某种生活方式的看法，而你并不认同，可以说：“我尊重每个人的选择，生活方式因人而异，我更倾向于……的方式。”

直接表达

“再说吧”，敷衍拖延不解决问题；“可能不行”，模糊表态引发误解；“应该可以”，虚假承诺埋下隐患。

这样表达既无法真正拒绝，又损害自身可信度，最终导致更复杂的沟通困境。

换个方式说

运用“这个提议很有价值，但目前……”句式，肯定后再搁置；运用“我需要进一步评估可行性”句式，争取思考时间；运用“或许我们可以考虑替代方案”句式，转移焦点。

保持态度明确但语气温和，既坚守立场又留有余地。

不正面回应，转移话题表明态度

不必总是通过直接冲突来表明立场，偶尔巧妙地运用暗示或转移话题的方式，也能达到目的。

当你察觉到对方言语中暗含他意时，直接严厉的指责不仅显得自己过于敏感，还可能失了风度。因为有些话题是“只可意会不可言传”的，一旦点破，对方会以“你理解错了”为由进行辩解，这样反而将自己陷入尴尬之中。

转移话题这个技巧还能避免直接拒绝导致的一些不必要的争论，当对方开始谈论一些你不感兴趣的内容时，你可以机智地捕捉话语中的某个关键词，引入一个新话题。例如，当对方在谈论琐碎的八卦时，你可以说：“对了，我最近读了一本很有意思的书，你有没有兴趣了解一下？”这样一来，新的话题便会吸引对方的注意，从而打断原有的对话走向，使对话氛围重新变得积极愉快。

转移话题这一技巧，还能避免因直接拒绝导致的一些不必要的争论。有时候，对方的观点可能与我们截然不同，他们又坚持己见，试图说服我们。在这种情况下，直接反驳可能会引发冲突。通过转移话题，我们能够巧妙地避开争论，保持和谐的气氛。例如，当对方在争论某个主观性很强的问题时，你可以假装不经意地说："说了这么久，我的肚子都有点儿饿了。我发现了一家很棒的餐厅，你们有没有去过？"这样的转变不仅避免了争论，还为对话带来了新的方向。

运用转移话题的回话技巧时，还要注意以下几个方面的问题：

◎保持冷静和理智

当遇到别人不怀好意的言语或行为时，人们很容易情绪激动，进而做出不恰当的反应。但如果想用转移话题的方法来拒绝，就必须先保持冷静和理智。只有在冷静的状态下，才能迅速想出合适的新话题，并以恰当的语气和方式转移话题，避免因情绪失控而让情况变得更糟。

◎了解对方的心理和目的

了解对方为何表现出不怀好意，以及其背后的目的。这样才能更精准地选择转移的话题，确保新话题能有效吸引对方注意力，从而成功将焦点从不怀好意的话题上移开。若不了解对方的心理和意图，随意转移话题，可能难以达到预期效果。

直接表达

"这不重要"，生硬地否定了话题价值；"别聊这个了"，粗暴地切断了对话；"你管太多了"，攻击性转移焦点。

这样表达既暴露沟通技巧的匮乏，又容易激化矛盾。

换个方式说

运用“您提到的这一点值得探讨，我们稍后再……”句式，自然衔接；运用“你的话让我想起了……”句式，引导新焦点；运用“我们不妨先考虑……”句式，重置新的讨论方向。

保持话题的关联性，既婉转表达立场，又维持对话流畅。

温柔坚定说“不”，也可以让人心服口服

那些让你不愿意接受的请求，大多数是不合理的。

生活中，你是否曾遇到过这样的情况：

“你要是下楼的话，顺便帮我拿个快递，谢谢啦。”

“我工作快要做不完了，能不能帮我一个忙？下次我帮你。”

“咱俩同路，反正你也要回家，捎我一程吧。”

面对这些看起来微不足道的小事，我们往往都很难狠心拒绝，可这种善意往往导致的结果却是“我本一心照明月，奈何明月照沟渠”。回应他人的请求本应出于自愿，然而有些人却将这种“自愿帮助”视为理所当然。一旦你稍有怠慢，他们可能会翻脸不认人，甚至恶言相向，最终形成

某种形式的道德绑架。

在维持正常人际关系的过程中，我们其实都拥有一道看不见的防线，那就是我们的边界，而这道边界正是通过适时且恰当的拒绝来维护的。倘若你总是因为难以启齿而接受那些不合理的请求，即使内心倍感为难，最终也会导致他人逐渐突破这道防线，甚至强行越界，侵占你的心理空间，从而引发双方关系的紧张和冲突。

因此，在需要拒绝的时候，务必果断地说出那个“不”字，并在必要时坚决维护自己的边界。有些人担心拒绝他人会让自己失去他人的喜爱，这其实是一种误解。事实上，有些人即便经常拒绝他人，依然能够拥有良好的人际关系；相反，有些人即便倾尽所能去帮助他人，反而可能人缘越来越差。正确的拒绝，不仅不会降低你在他人心中的好感度，反而可能会提升你在他们心目中的位置。

如何温柔而坚定地拒绝？

◎语气和情绪上要委婉、温柔

不要严词拒绝，即使是炮弹，也应当裹上糖衣。因为情绪带有很强的感染性，你一旦严词拒绝，对方马上就会感受到你的抵触情绪，进而对你的个人产生反感甚至怨恨，影响了未来的人际关系和交往。

◎态度坚定

既然你已决定拒绝请求，即便对方再死缠烂打或威逼利诱，在用温和的方式和对方周旋了几个来回后，也要一直坚持这个决定。

直接表达

“你的话也有道理”，模糊立场会制造误解；“可能不行”，犹豫态度会引发纠缠；“我考虑下”，虚假拖延会消耗信任。

这样表达既无法保护自身边界，又可能会助长不合理的请求。

换个方式说

运用“这个要求超出我的职责范围”句式，明确界限；运用“我无法满足这个需求”句式，直述立场；运用“请理解我的决定”句式，保持尊重。

语气坚定但有礼貌，既维护自身权益，又避免无谓争论。

拒绝“话痨”不翻脸：换话题也能不尴尬

对于自己不感兴趣的内容，找准时机换其他话题。

在人际交往中，难免会遇到一些让人头疼的对话场景，例如，对方滔滔不绝口若悬河，而你却并不感兴趣，这时就会很为难，即不好意思开口粗暴地打断对方，毕竟在他人兴致非常高的时候突然打断对方，往往会让对方的心里非常不舒服，给彼此的交往带来不利影响。即使我们以最常见的结束这个话题的方式，如“不好意思，我还有事，下次再聊”来打断对方，对方仍会心生不悦。

在这种情况下，最好用一些委婉的方式，让对方自己意识到“这个话题差不多该结束了”。比如，用暗示的方法，让对方意识到自己的话有点儿不太合适，从而主动收住，不仅避免了直接打断的尴尬，也能巧妙掌控聊天儿节奏。除此之外，顺势把话题带向别处，其实也是一个很实用的办法。

转移话题要自然的三个技巧：

◎寻找关联点

分析对方正在谈论的话题，从中找到与新话题的潜在联系。例如，如果对方在谈论旅游经历，而你想转移到美食话题，可以这样说：“你刚才提到在那个地方旅游，我突然想到当地肯定有很多特色美食吧？”通过这种方式，利用原话题中的元素引出新话题，使过渡更加自然。

◎使用过渡语句

一些过渡性的话语可以帮助我们更自然地切换话题。例如，“说起来”“对了”“顺便提一下”等。这些过渡性的话语不仅能使对话更加流畅，还能增强交流的连贯性和对方的倾听兴趣。

◎分享个人经历或感受

当你想要转移话题时，可以分享一个与新话题相关的个人经历或感受。例如，“我前段时间去了一个地方，那里的美食简直让我惊艳。你有没有类似的美食发现之旅呢？”通过分享自己的故事，引发对方的好奇心，从而成功过渡到新话题。

直接表达

“这个话题没意思”，直接否定对方兴趣；“聊点别的吧”，生硬打断谈话节奏；“我来说个更好的”，强行转移话题焦点。

这样表达会立即破坏对话氛围，显得缺乏社交修养。

换个方式说

运用“这个角度很有趣”句式，肯定对方后再自然衔接；运用“刚好最近遇到……”句式，引入新话；运用“您觉得这种情况……”句式，巧妙进行过渡。

保持话题的连贯性，关键在于平衡倾听与引导，实现自然转向。

第六章 特殊情境下，换个方式“稳住局面”

表达的方式不只是好不好听的问题，而是能不能稳住局面的关键。说错一句话，可能让场面彻底失控；换个说法，却能化解尴尬、缓和关系。越是特殊情境下，越考验一个人说话的方式。

玩转幽默，从此不再尴尬

处理意外情况或突发事件，可以显示出一个人的机智和应变能力，给他人留下深刻印象。

幽默，作为一种激发人类情感的独特智慧，它的魅力在于能够瞬间打破沉闷的氛围，让人们在意想不到的转折中捧腹大笑。幽默不仅仅是简单的笑话或言辞，更是一种深刻的观察力和创意思维的体现。幽默不仅能为你的言辞增添魅力，使之悦耳动听，还能在营造的轻松氛围中促进和谐与共赢，从而构建更加牢固的人际关系。

我们可以想象，演讲家如果有幽默感，那么，他听众的笑声会一直不断；文学家如果有幽默感，那么，他的作品定会妙趣横生；夫妻如果有幽默感，那么，他们的生活会变得幸福美满。幽默经常被用来作为生活的调味剂、感情的催化剂、矛盾的灭火剂、人生的助推器。有时，它可以为你带来欢声笑语，增添生活情趣，亦可以让你拉近与人的距离，加深亲朋好友之间的友谊。

例如，当公交车急刹车时，车内一名男子不小心撞到了身旁的女孩儿。女孩儿一边揉肩，一边埋怨道：“瞧你那德性！”男子挠了挠头说道：“不，是惯性！”这位睿智机敏的乘客短短的一句话，不仅巧妙融入了物理原理，更在关键时刻出现得恰到好处。这句话既能引起人情感上的共鸣，又激发了人的笑点。正是因为这么一句话，瞬间化解了现场的尴尬气氛与潜在的冲突。

由此可见，在人际交流沟通中，掌握并善用幽默，以幽默来化解人际间的矛盾是多么重要。幽默是社交场合中的润滑剂，它能够缓解紧张的气氛，使交流更加顺畅。

在初次见面或尴尬的情境中，一句幽默的话语可以让大家放松心情，放下防备，为进一步的沟通和交往创造良好的氛围。同时，幽默也能展现你的智慧和乐观心态，让人觉得你这个人有趣、好相处，从而更愿意与之交往。

那么，如何培养我们的幽默感呢？

◎不在意别人的眼光

我们不必过分在意他人的眼光。毕竟，无人能赢得所有人的喜爱。幽默的人深谙此道，他们不追求成为他人眼中的完美典范，而致力于成为自己喜欢的样子，活得更加轻松。

◎放下自己的玻璃心

幽默的人不为外界的事物困扰，活得像个天真的孩子。放下自己的玻璃心，轻松上阵面对生活的难题，方能应对复杂的局面。

◎敢于开自己的玩笑

我们常常过于看重自我，并渴望向他人展示自己最好的一面。然而，若想进一步提升自己的幽默感，就需要勇于放下所谓的面子，敢于自嘲。这无疑是培养幽默感的一个有效途径。

直接表达

“这有什么好笑的”，否定他人的幽默尝试；“你真不会说话”，打击对方表达的积极性；“太尴尬了”，放大负面情绪。

这样表达不仅无法化解窘境，反而会加剧紧张氛围。

换个方式说

运用“哈哈，看来这……也在跟我们开玩笑哇”句式，化解突发状况；运用“这个失误很有创意”句式，转换错误视角；运用“至少我们多了个有趣的故事”句式，主动打趣尴尬经历。

保持轻松但不轻浮的态度，既展现应变能力，又维护沟通氛围。

妙用夸张，在笑声中达成和解

夸张到极限，就会让人觉得有些荒谬，但这种幽默却在生活中能起到特别的效果。

所谓夸张，是指为了达到某种表达需要，故意对事物的形象、特征、作用、程度等方面进行扩大或缩小的一种修辞方式。夸张式表达，即是对事实进行无限制的夸张，进而营造出一种极为不协调的喜剧效果。

值得一提的是，夸张与吹牛是有本质区别的。吹牛仅是简单地夸耀自身能力，而夸张则是刻意扩大或缩小客观事物的特征，使得这种表述虽偏离事实却仍具合理性，从而增强表达的感染力。

例如，小林正忙着准备一个重要提案，同事小李走过来，笑嘻嘻地说：“林哥，你这两天太厉害了，几乎每分钟都在开会，能不能再帮我看看这个报表?”林峰其实已经焦头烂额了，心里一阵烦躁。但他没有直接拒绝，而是故作夸张地一拍脑门，说："你看看我现在这脑子，已经快烧出烟来了！我再多看一份报表，估计要被送去维修了。"小李一愣，随即大笑："哈哈，那我还是等你'降温'了再来吧，不敢再给你加码了。"

这个看似玩笑的回应，其实既表达了小林当前确实无暇分身的事实，也让对方接受了事实，也维护了良好关系。

在与人交流的过程中，运用夸张的说话方式给予巧妙的暗示，往往能产生独特的幽默效果，既不伤和气，又能清晰地表达自己的观点和意图。

运用夸张的说话方式给予巧妙的暗示，往往能产生独特的语言效果。这样的表达方式不仅能让谈话充满活力，还能在轻松愉快的氛围中化解尴尬，增进彼此的亲密感。

例如，在聚会上，我们可以用夸张的方式描述自己一天的忙碌："今天的工作让我忙得连喝水的时间都没有，真是忙碌的一天！"这样的表达不仅能够引起共鸣，还能让其他人忍俊不禁。在与朋友分享旅游经历时，我们可以夸张地形容风景的美丽："那座山美得简直像画的一样，如果有仙女的话，估计仙女都愿意住在那儿！"这种夸张的描述能够让我们的故事更加生动，也能激发朋友的想象力。

运用夸张的幽默技巧，要注意的两个原则：

◎把握适度

夸张虽然能带来强烈的表达效果，但要把握好度。过度夸张可能会让人觉得虚假、浮夸，甚至产生反感。例如，在描述一件小事时，如果夸张得过于离谱，会让听众觉得不真实，难以产生共鸣。

◎结合实际情境

夸张不能脱离实际情境而孤立存在。要将夸张与当下的场景、话题以及交流对象的背景等相结合。例如，在一个严肃的商务谈判场合，过度夸张的语言可能就不太合适，会破坏专业氛围。

直接表达

“你总是这样”，过度概括引发争执；“从来没人像你这样”，虚假夸张制造对立；“简直离谱到家了”，攻击性夸大激化矛盾。

这样表达非但达不到幽默效果，反而会伤害双方关系。

换个方式说

运用“这个错误够载入史册了”句式，化解小失误；运用“您这方案能拿诺贝尔奖”句式，善意调侃；运用“我们得申请吉尼斯纪录”句式，缓解紧张。

保持明显的玩笑语气，既突出事件特点又不失分寸。

勇于自嘲，轻松赢得好感

尴尬时，不妨自我嘲解一下，既给自己找个台阶下，又能巧妙地缓和气氛。

自嘲是一种通过运用讽刺性的语言和语气，以轻松的方式调侃并戏弄自己，从而达到自我贬低效果的表达方式。它不仅能展现出个人的幽默感，更是一种充满智慧与魅力的沟通技巧。当我们在交流中勇于自嘲，坦然地将自己的不足转化为笑料，不仅能够巧妙地化解尴尬局面，还能为谈话增添活力和趣味。

自嘲的作用在于它能拉近人与人之间的距离，让交流变得更加轻松自然。当我们用幽默的方式表达自己的不足时，往往能够引发共鸣，使他人感到亲切。例如，在一场聚会中，如果有人提到自己的烹饪水平差，我们可以自嘲地说："我的拿手好菜是开罐头，连猫都觉得我做的饭难以下咽！"这种幽默的表达不仅让大家会心一笑，还可以打破紧张的气氛，促进互动。

自嘲还展现了一种谦逊的态度，表明我们对自己缺点的接受和包容。这种开放的心态常常让他人感到舒适，愿意分享自己的经历和缺陷，从而形成更加轻松的交流氛围。

在职场中，适度的自嘲可以让同事们感受到我们的人格魅力，增进彼此的信任。例如，在团队会议上，面对失败的项目进展，我们可以笑着说："看来我真是'领导能力'的反面教材，你们可要引以为戒呀！"这种自嘲既能缓解紧张的氛围，又能引导团队积极面对问题，寻找解决方案。

这种诙谐幽默的回答，不仅避免了谈论"怕出丑"这个尖锐的问题，还活跃了现场的气氛。同时，这种高明又有趣的回话还将她自信、乐观、勇敢的一面展现在了公众面前，给大家留下了深刻的印象。此外，适当的自嘲还是化解误会的重要手段。

当然，运用自嘲的同时，我们也要注意把握度，确保幽默不会变成自我贬低。适度的自嘲能够增强亲和力，但过度的自嘲可能会让人觉得我们缺乏自信，甚至产生负面影响。因此，在使用自嘲时，我们应保持适当的平衡，既能展现我们的语言魅力，又不失尊严。

运用“自嘲”这个技巧时要避免以下两点：

◎要避免太假

当我们在自嘲时，所说的内容不能太假，最好是自己生活中真实发生的事情，当然为了增加效果和生动性，可以适当地加以夸张，但一定不能让人觉得这是不可能发生的事情。太假的自嘲，会使得自嘲的效果大打折扣。

◎要用轻松、愉快的语气

自嘲时，还要注意说话的语气和语调，要用轻松、愉悦的语气，这样不仅可以给别人带来愉悦的感受，而且能表达我们坦荡的胸怀和乐观、豁达的人生态度。

直接表达

“我真是没用”，过度贬低自我价值；“什么都做不好”，消极的全面否定；“我就是个笑话”，带有负面情绪的自我攻击。

这种自嘲不仅无法缓解尴尬，反而会让人感到不适。

换个方式说

运用“我这记性堪比金鱼了”句式，化解遗忘的尴尬；运用“看来我需要‘回炉重造’”句式，调侃小失误；运用“这次又贡献了反面教材”句式，转换错误视角。

保持轻松诙谐的语气，既承认不足又不失自信。

抖个“包袱”，给尴尬的气氛加点料

在公共场合，最怕热闹的气氛忽然安静，在“大写”的尴尬瞬间，其实还有救场的机会。

在交际场合中，我们常常会遇到一些敏感而严肃的问题，或者因为一方的固执己见而导致双方争执不休，陷入尴尬乃至对立的局面。这种僵持的局面往往并非源于双方观点本身的不可调和，而是由于争胜心理和较劲情绪的影响，让彼此在沟通中陷入了无谓的计较。每一方都渴望得到对方的理解和支持，使本可以理性讨论的问题变得愈加紧张和对立。这种情况下，不妨“抖个包袱”，利用幽默的方法来打破僵局。

当出现尴尬时，人们的认知会处于一种失调状态，而巧妙地抖“包袱”或打圆场，可以引入新的信息或观点，使人们对矛盾的认知发生改变，从而减少认知失调带来的不适感，促进矛盾的化解。

例如，小强最近刚入职了一家新公司，人事部主管已经再三强调新员工入职流程，但小强依然忘记了带身份证，现场气氛有些凝重。小强一本正经地说：“我怀疑我那张身份证和我有代沟，它不想跟我一起上班。”话音一落，办公室里顿时笑声一片。王媛也忍不住笑了：“行吧，既然你们感情不好，那下次还是靠你主动点，别指望它自己来。”

原本紧绷的气氛瞬间缓和下来。通过一个“抖包袱式”的幽默反转，小强不仅表达了歉意，还巧妙地自嘲卸压，让对方情绪下来了，也为自己争取了重新建立信任的机会。

熟人之间因为彼此了解、信任基础深，更容易接受调侃和大胆的玩笑，哪怕“包袱”抖得大一点儿，也不容易引发误会。而在面对陌生人或身处正式场合时，就要特别注意分寸。此时的幽默应以稳妥、得体为主，避免过度表现，以免造成对方不适或失礼的印象。

“抖包袱”时，要注意以下两点：

◎“包袱”不能针对某个人

真正有效的幽默应该是温和的、友善的，而不是借机贬低或嘲笑别人。用攻击性语言作为笑料，看似调侃，实则很容易伤人，让人心生不快。即使表面上对方笑了，内心可能已经不舒服了。因此，开玩笑时应避免涉及对方的短处、敏感点或令其难堪的话题。

◎制造意外反差

利用人们对常规事物的预期，创造出与预期截然不同的结果或说法，以此来形成“包袱”的效果。例如，大家原本以为在某个严肃场合会听到一番正经的发言，这时你却以一种幽默诙谐且与常规不同的方式开场，说出一些让人意想不到的话语，打破大家的固有思维。但要注意，这种反差不能过于突兀或冒犯他人，要在尊重场合和他人的基础上，通过巧妙的语言组织和情境设置，让听众在短暂的惊讶后能够领会到其中的幽默，进而放松心情，打破僵局。

◎语气自然

幽默的表达，最打动人的是那种不刻意、不造作的方式。说得太过用力或表演痕迹太重，反而让人觉得尴尬。自然的语气、随口的语调，更容易让人放松，也让笑点更有亲和力。

直接表达

“怎么都不说话了”，直接点破冷场加剧尴尬；“真没意思”，负面评价破坏氛围；“我来讲个笑话”，生硬转移显得过于刻意。

这样表达非但不能化解冷场，反而会放大不适感。

换个方式说

运用“现在要表演哑剧了吗”句式，用疑问的方式化解紧张的情绪；运用“这句话要是加点背景音效，效果会更好……”句式，让人产生联想，降低冲突；运用“在这个场合，大家可以笑”句式，缓解尴尬的气氛。

保持流畅的衔接，既能打破沉默又能维持对话的连续性。

借题发挥，把尴尬变成高光时刻

在矛盾冲突面前，最能体现一个人说话的水平。

在我们的日常生活中，难免会遇到一些突如其来的尴尬时刻，比如，在聚会上说错话，或者在工作会议上被问到无法立即回答的问题。这时，如果能够灵活运用“借题发挥”的沟通技巧，就能将这些尴尬化为幽默，甚至从中发掘出新的思想与灵感。

借题发挥，顾名思义就是借助现场的人、事、物，甚至对方的语言作为切入点，进行发挥与阐述，从而引出全新的思考和创意。这样做不但可以使人欣然地接受了你借“题”发挥出来的内容，而且还能挽救你原先窘迫不堪的形象，从而使你从容地走出尴尬之境。

例如，一次部门例会上，主管突然点名让小梁汇报上周的数据情况。小梁一时没准备，紧张地翻着文件，脸都涨红了。现场气氛有些尴尬，老王突然笑着说：“我记得我第一年刚来汇报的时候，比他还慌，连 PPT 都放反了。”众人一听都笑了，小梁也忍不住笑出来，情绪放松下来后，顺利完成了后续的汇报。

老王借题发挥，借着一个看似不经意的回忆，轻轻一转，不仅打破了紧张气氛，还为小梁解了围。比起直接打断或安慰，这样的方式更自然、不尴尬，也体现了人际间的温和分寸感。

借题发挥的特点主要体现在以下几个方面：

灵活性——这一技巧要求我们具备敏锐的观察力和应变能力，能够快速识别出周围的元素，灵活运用它们作为话题的切入点。

创造性——通过借题发挥，沟通者需要在已有的内容基础上进行创造，提出新的观点或见解，从而引发听众的共鸣与思考。

幽默感——幽默是借题发挥的灵魂所在。适当的幽默不仅能够让人们放松心情，还能加深记忆，让信息更加深入人心。

借题发挥并不是随意扯话，而是需要一定的艺术性和技巧。首先，要敏锐地捕捉周围的氛围和人们的情绪。当我们感受到现场气氛的紧张或沉闷时，适时地插入幽默的内容能够有效缓解这种情况。其次，还要把握话题的转折点。在提到某个话题时，能够巧妙地将其引导到一个更为轻松或有趣的方向，这样才能够吸引大家的注意力。

借题发挥的沟通技巧可以广泛应用于多种场合。在社交聚会上，面对尴尬的沉默，我们可以分享一些轻松的趣事；在工作中，面对难以解决的问题时，可以引入一些幽默的比喻，帮助团队找到解决方案；在家庭聚会中，当出现意外情况时，也可以通过幽默的方式调侃自己，拉近家庭成员之间的距离。

尽管借题发挥是一种有效的沟通技巧，但在运用时也需注意以下两个问题：

◎内容的选择要谨慎

我们需要确保所引申的内容能够引起大家的共鸣，而不是使人感到不适或冒犯。

◎幽默的方式要恰当

不同的场合和人群对幽默的接受程度不同，因此，要考虑听众的背景和情境，避免过于冷场或产生误解。

直接表达

“这点小事都办不好”，直接否定会引发对抗；“听我的就行”，独断压制沟通；“没什么好说的”，消极回避矛盾。

这样表达不仅会激化冲突，还有可能暴露沟通能力方面的不足。

换个方式说

运用“我也曾……”句式，先给予肯定；运用“上次我们就是照这个办法来的，效果还不错，要不……”句式，借过去经验引导；运用“这事肯定有反转，兴许是这样的……”句式，引出想说的内容。

既尊重不同意见，又引导建设性讨论，其关键在于将对立转化为协作契机。

别急着纠正，顺着接也能圆回来

顺水推舟法不仅能替自己解围，也能缓解别人的尴尬。

俗话说：“人有失手，马有失蹄。”意思是说，再小心的人，也难免有出错的时候。在日常交流中，说错话几乎是每个人都可能遇到的事。有时是一句没考虑周全的话，有时是一时情绪上头脱口而出的语气，有时则是好心办了坏事，话一出口就感觉气氛不对了。还有一种更常见的情境，当别人说错了话，我们一时不知道该怎么接，这个时候“顺水推舟”就是非常实用的沟通技巧，既不会让场面冷场，也不会让对方尴尬。

所谓“顺水推舟”，就是不正面反驳或纠正，而是顺着对方的话意，轻轻带个弯，把话题引到一个更安全、轻松的方向，既避免了场面的尴尬，也给了对方一个体面的台阶下。

比如，有人开玩笑说：“你这么会说话，肯定从小嘴就没停过吧？”乍一听有点儿冒犯，但你不妨顺水推舟地笑着接一句：“是呀，所以我妈总说我小时候靠嘴皮子省下不少哭闹的力气。”一句轻松的调侃，不仅化解了对方的无心之言，还展现出你的幽默和大度。

再如，有朋友在聚餐时不小心讲了句有点儿敏感的话，场面突然安静下来。这个时候，你可以顺着他的话找一个延伸的、有趣的方向，比如，说一句：“你这话一说，我忽然想起前几天看到的一个段子，简直神同步！”然后自然引出一个无关但轻松的话题，既转移了注意力，又帮朋友悄悄解了围。

顺水推舟不是敷衍，也不是掩盖错误，而是一种有温度的回应方式。它背后是一种成熟的情商，懂得在保护对方自尊的同时，也维护彼此的关系氛围。这种技巧最妙的地方在于，它不需要高深的语言技巧，只要你愿意换个角度，放下批评的冲动，多一点儿理解与幽默，就能轻轻松松地把一场可能激化矛盾的对话，转变为一次增进关系的互动。

生活中，难免有小失误、小尴尬，关键不在于如何避免，而在于出错之后怎么把局面圆回来。学会顺水推舟，不只是修补言语的工具，更是一种体谅与善意的表达。

顺水推舟法的两个实践方向：

◎情感升华式顺水推舟

当对方因说错话或做错事而感到尴尬时，不妨顺势从情感入手，将尴尬转化为一次拉近关系的机会。比如，对方无意中提到你小时候的糗事，气氛一时有些微妙，你可以笑着接话："那段时间确实挺难熬的，但也多亏有你们在身边。"这样不仅化解了场面，还借机表达了感激之情，让一段小插曲变得温暖动人。

◎优势挖掘式顺水推舟

面对别人的小失误，与其指出错误，不如快速捕捉其中可取之处，转而给予正面反馈。比如，对方说话结巴了，你可以笑着说："你这停顿感特别像脱口秀演员，节奏拿捏得真准。"一句轻松的玩笑，不仅打破尴尬，还让对方重新找回自信。这种以夸促稳的方式，能让沟通更加顺畅，也更有温度。

直接表达

"这跟我没关系"，撇清责任的冷漠回应；"你本来就不对"，加剧对立的指责；"早知如此何必当初"，于事无补的事后批判。

这样表达只会激化矛盾，错失化解良机。

换个方式说

运用“我可能了解得不多，但如果你愿意说说，我会……”句式，顺着对方提出的问题或情绪回应；运用“你刚刚的出发点我能理解，不过……”句式，顺着对方的立场给予理解；运用“回头看，确实有些地方可以做得更好，不过……”句式，顺着现实的结果，而不是卡在过去。

保持积极思维，既化解当前困境，又开拓新的可能性。

将错就错，把冷场变成笑场

借力用力，以柔克刚，自有八两拨千金的功效。

虽然没有人喜欢出洋相，但这类场面在生活中却难以避免。一次不小心的口误、一次突如其来的调侃，往往会让我们感到尴尬无比。这个时候，生气、懊恼甚至沉默都不能真正解决问题，反而可能让气氛变得更僵。这时，不妨换一种思路，学会将错就错，用幽默的方式化解窘境，既给自己留足了余地，也让对方下得了台。

将错就错并不是承认错误，而是顺着对方的话语，用轻松的语气接住局面，甚至反客为主地引导话题走向更有趣或更友善的方向。它的关键，在于用玩笑回应玩笑、用夸张回应夸张，把原本可能变成令人尴尬的场景，变成一次轻松有趣、让人会心一笑的互动。

比如，对方故意开玩笑说：“我家的鸡会说话。”这时，你若一本正经地纠正，对方只会觉得你太较真，不如笑着接一句："那可巧了，我家的猫会唱歌呢！"鸡会说话和猫会唱歌是对等的荒诞，回应得体又有趣。如果对方继续问："猫怎么会唱歌？"你也可以反问："那鸡又是怎么开口说话的？"这样回话，让对方无话可说，气氛也自然缓和下来。

不过，需要注意的是，"将错就错"法虽然看似轻松，却也讲究技巧。例如，当有人说："我家的公鸡下了一个蛋。"你不能回应："我家的母鸡打鸣了。"因为母鸡偶尔确实会打鸣，这是有生物学依据的，而公鸡绝对下不了蛋。你要回应的是一个绝对不可能发生的一件事，才能让对方无法反驳，真正达成幽默的制胜点，比如，可以回应他："太巧了，我家的母牛昨晚居然学会了下象棋！"

这种策略不仅能化解尴尬，还能巧妙地将不利局面转化为幽默契机，甚至在交流中拉近彼此距离。当我们不再怕说错、怕被笑，反而学会在失误中自如游走，用智慧和笑声接住不完美的对话时，就拥有了真正的沟通能力。

直接表达

"你说的根本不可能发生"，武断否定会制造对立；"你简直在胡说八道"，强硬的态度会激化彼此的矛盾；"你说这种不合逻辑的话，是想干吗"，消极断言会扼杀所有的可能性。

这样表达只会加剧沟通危机，错失良机。

换个方式说

运用"哇，后来又……"句式，顺着荒诞的话题继续聊；运用"这么大的事，都可以上热搜了"句式，推进对话；运用"看来我真是小看了……"句式，调侃式沟通。

保持灵活思维，既接纳现状又引导正向发展，其关键在于发掘错误中的潜在价值点。